《资本论》脉络

(第二版)

张薰华

复旦大学出版社

内 容 提 要

　　本书是学习《资本论》原著的辅导性教材。全书按《资本论》原著的次序,分三篇,即第一篇(原著第1卷)资本的生产过程(直接生产过程),第二篇(原著第2卷)资本的流通过程(包含生产过程的流通过程),第三篇(原著第3卷)资本主义生产的总过程(生产、流通和分配的总过程)来阐述。书末还列有思考题,供读者学后升华之用。

不论我的著作有什么缺点,它们却有一个长处,即它们是一个艺术的整体;但是要达到这一点,只有用我的方法。

本书的最终目的就是揭示现代社会的经济运动规律。

——马克思

第一版前言

《资本论》是马克思"整个一生科学研究的成果。它是工人阶级政治经济学的科学表述。这里所涉及的不是鼓动性的词句,而是严密的科学结论"[①]。坚持马克思主义的政党,"它的全部理论内容是从研究政治经济学产生的"[②]。

为了对社会主义建设进行科学的分析,不仅要根据以往的实践和积累的材料,同时也要掌握科学的思想理论武器;只有这样认真的分析,才能对今后的工作起到借鉴、指导的作用。在科学的思想武器中,《资本论》中关于商品生产、流通和分配的理论,关于生产力规律、按比例规律、再生产速度规律、生产关系和生产力相互作用的规律、价值规律的揭示,只要撇开资本形式,也适用于社会主义商品经济。

3卷本《资本论》篇幅浩大,本书按照《资本论》自身的逻辑方法,只阐述它的脉络。这本书也可以说是拙作《〈资本论〉提要》的提要,但又有所不同。"提要"严格按照原著篇章次序与目录编写;本书则偏重方法论,它顺乎逻辑的展开,在一些地方将原著论点加以发挥,并将经济规律集中加以叙述。不妥之处,请不吝赐教。

张薰华
1986年春

[①] 恩格斯:《卡尔·马克思》,《马克思恩格斯全集》第16卷,第411页。
[②] 恩格斯:《卡尔·马克思〈政治经济学批判〉》,《马克思恩格斯选集》第2卷,第116页。

第二版前言

本书初版两次印刷,发行达万册,早已销完。现在上课缺书,需求拉动再版,这使编者莫大鼓舞。20多年来,风风雨雨,"《资本论》过时"阴风时有发生。但《资本论》是科学,是马克思主义的基本理论,它"揭示现代社会的经济运动规律"[①]。规律是事物内在必然性。任何社会都有社会生产力发展规律,生产力与生产关系对立统一的规律,生产关系与分配关系相互关系的规律。在市场体制下,则表现为价值规律与价值增殖规律。前者是经济发展应遵循的规律,后者是为发展经济而改变经济体制应遵循的规律。叙述这些规律是《资本论》中的基本理论,也正是我们现在正要遵循的原理,它怎会过时呢!不过,作为真理,不经一番寒彻骨,哪得梅花扑鼻香。

但这并不意味我们要将书中这句话或那句话当作教条抱住不放,而是说它的基本理论并未过时。一方面,书中有些论点、有些科学闪光之处,马克思未具体展开,正有待我们在新的历史条件下予以充分论述。另一方面,基本理论也会随着客体条件的变化而展开、而丰富。因为一方面人们的认识是一个由表及里,由此及彼,逐步贴近客体的过程;另一方面客体世界又处于变化中,人们的认识也随之变化,因而理论也随之不断发展。恩格斯早就指出:"我们的

[①] 1887年1月27日致威士涅威茨基夫人函。

理论是发展的理论,而不是必须背得烂熟并机械地加以重复的教条。"[①] 本书在介绍《资本论》基本理论及其脉络时,也就顺其逻辑而展开为发展的理论。读者可以从书中悟到,资本主义制度中的市场经济体制,会如何嫁接在社会主义制度中。

《资本论》第1卷第二章指出:"商品不能自己到市场去,不能自己去交换。因此,我们必须找寻它的监护人,商品所有者……在这里,人们彼此只是作为商品的代表即商品所有者而存在。"这就是说,商品经济或者说市场经济,只要求商品属于各自的所有者,而不问生产该商品的要素(资金、土地、劳动力以及一般生产资料)归谁所有。这样,市场经济既可以和生产要素私有制相结合,也可以和生产要素公有制相结合。或者说,市场经济本身只姓"商",既不姓"资",也不姓"社"。但她会"嫁"给姓"资"的成为资本主义市场经济(资本主义商品生产、流通和分配的总过程),这是《资本论》所叙述的。她也可"嫁"给姓"社"的成为社会主义市场经济。

因此,学习《资本论》中基本理论,起着双重作用。其一,可以深入地理解资本主义社会的经济规律。其二,如果剥去资本外壳,存其一般内容(生产力以及商品经济),这里留下的就是有关生产力和市场经济的一般原理,再将这些原理与新的形式(社会主义)相结合,就会在运用《资本论》基本理论同时,又有创新和发展。而这又是社会主义市场经济所应遵循的规律性的问题。

本书长期以来,一直作为复旦大学经济学院的研究生教材。

张薰华
1999年春

[①] 恩格斯:《卡尔·马克思》,《马克思恩格斯全集》第16卷,第411页。

目 录

序言 ·· (1)

第一篇 资本的生产过程(直接生产过程)

第一章 商品和货币 ··· (5)
  一、商品生产 ··· (5)
  二、货币或商品流通 ·· (17)
  三、价值规律的展开 ·· (25)

第二章 剩余价值的生产过程 ······································ (29)
  一、导论 ·· (30)
  二、剩余价值的生产过程 ··· (38)
  三、有关剩余价值生产的若干问题 ··························· (46)
  四、工资与剩余价值生产 ··· (49)
  五、剩余价值规律与价值规律 ·································· (51)

第三章 资本的积累过程(资本自身的生产过程) ········ (55)
  一、简单再生产 ·· (56)
  二、剩余价值转化为资本与扩大再生产 ···················· (58)
  三、资本积累的规律 产业资本的历史 ····················· (61)

第二篇 资本的流通过程(包含生产过程的流通过程)

第四章 资本形态循环(单个资本的生产和流通) ········ (71)

一、三种循环及其辩证的统一……………………（72）
　二、每次循环所经历的时间和消耗的费用…………（79）
第五章　预付资本的周转（单个资本的再生产和流通）……（89）
　一、概论……………………………………………（89）
　二、流动资本的周转………………………………（93）
　三、固定资本的周转………………………………（102）
　四、预付资本的总周转……………………………（106）
　五、再生产和流通的速度规律……………………（107）
第六章　社会总资本的再生产和流通…………………（111）
　一、导论……………………………………………（111）
　二、简单再生产和流通……………………………（117）
　三、扩大再生产和流通……………………………（119）
　四、国民经济按比例发展规律……………………（122）

　第三篇　资本主义生产的总过程（生产、流通和分配的总过程）

第七章　两权合一的职能资本与平均利润……………（133）
　一、价值转化为成本加利润………………………（134）
　二、成本加平均利润转化为生产价格……………（140）
　三、各经济规律的展开形式………………………（143）
　四、生产价格展开为商业价格　商业资本的历史……（149）
第八章　资本两权分离与平均利润分割………………（157）
　一、生息资本与利息………………………………（158）
　二、银行资本和虚拟资本…………………………（162）
　三、生息资本积累和现实资本积累………………（166）
　四、信用制度下的流通手段………………………（170）
　五、生息资本的历史………………………………（170）
第九章　土地两权与超额利润和地租…………………（175）
　一、导论……………………………………………（177）

二、级差地租 …………………………………………（183）
三、绝对地租 …………………………………………（189）
四、矿山地租　建筑地段的地租 ……………………（193）
五、地租的历史 ………………………………………（195）
六、各经济规律进一步展开 …………………………（199）
第十章　各种收入及其源泉 ……………………………（201）
一、各种收入及其源泉 ………………………………（201）
二、生产关系与分配关系 ……………………………（203）
三、从总过程看资本主义生产的主要经济规律 ……（204）
附录　《资本论》脉络与辩证方法 ……………………（207）
思考题 ………………………………………………………（220）

序　言

一、《资本论》研究的对象

马克思说:"我要在本书研究的,是资本主义生产方式以及和它相应的生产关系和交换关系。"(第8页)① 由于对这句话的不同理解,引起多年的争论。争论的焦点是除生产关系外,生产力是不是它的研究对象。但是,如果将话中的"生产方式"理解为生产形式(即生产关系),那么就会得出"生产关系以及和它相应的生产关系",这样的前言与后语同义反复,显然是不对的。其实,书中已经区分开了。在第330—331页就说过,"物质生产方式的改变和生产者的社会关系的相应的改变……"。后来在1872年法文版中,马克思多处也将"生产方式"指为"生产(技术)方式"② 这都明确指为生产力了。对比恩格斯又有另一种说法。大家知道,他在1878年出版的《反杜林论》中讲过,"政治经济学作为一门研究人类各种社会进行生产和交换并相应地进行产品分配的条件和形式的科学"。这里,条件指生产的物质内容,即生产力的构成要素;形式指生产关系。当时马克思看过并无异议。马克思于1883年逝世,1886年由恩格

---

① 在"序言"部分中,凡未注书名的页码,都是指《资本论》第1卷(《马克思恩格斯全集》第23卷)的页码。
② 参见胡钧:"对〈资本论〉研究对象的再认识",《经济学家》1997年第2期。

斯校订的英文版《资本论》问世。上面初版序言那句话被译为:"我要在本书研究的,是资本主义生产形式,以及和它相应的生产和交换的条件。"这又和《反杜林论》一致。简单地讲,法文版讲的是生产力以及相应的生产关系;英文版讲的是生产关系以及相应的生产力;两者虽次序颠倒,但都提到生产力(生产技术方式或生产条件)。

事实上,这符合《资本论》的内容。《资本论》第1卷第一章第一节就开宗明义地指出:"劳动生产力是由多种情况决定的,其中包括:劳动者的平均熟练程度,科学的发展水平和它在工艺上应用的程度,生产过程的社会结合,生产资料的规模和效能,以及自然条件。"这一种种情况都在书中加以阐述。况且,书中所揭示的两条重大规律都是和生产力分不开的。其中,价值规律归根到底是以反比形式表现生产力变化的规律,剩余价值以及价值增殖规律则是以提高生产力作为手段所达到的目的的规律。这些原理贯穿在3卷《资本论》之中。所有这些原理对当今我国社会主义经济建设也是非常重要的。

可喜的是,近年来许多经济学家开始重视对生产力的研究。现在的问题是,理论经济学的对象还应该延伸到作为生产力的源泉的生态环境和人口进行研究。如果生态环境遭到破坏,使再生性资源不能再生,非再生性资源难以寻得替代,社会经济就不能持续发展。如果环境中生命支撑系统全面崩溃,人类社会就会随之灭亡,也就谈不上经济的发展。但环境之所以遭受破坏,又是由于人口数量过剩、素质过低。我们现在经济建设的过程,不正是处处遇到这些基本问题吗?虽然马克思在上述决定生产力的因素中已经指出,它包括劳动者(人口)和自然条件(生态环境),但未展开。这正有待我们去研究去发展。

研究对象还涉及经济学与文理各学科之间联系问题。经济学正是因为研究生产力而成为文理相通的通道。既然"科学的发展水平和它在工艺上应用的程度"也是决定生产力的因素,而且"生产力首先是科学"①,自然科学也就由此进入社会科学,由此还经过生产力的社会形式(生产关系),再通向上层建筑各个学科。列宁曾就此指出:"自然科学奔向社会科学的强大潮流,不仅在配第时代存在,在马克思时代也是存在的。在20世纪,这个潮流是同样强大,甚至可以说更加强大了。"② 况且,经济学也要关心自然科学的发展,探索它如何转化为生产力的发展。正因为如此,"在马克思看来,科学是一种在历史上起推动作用的、革命的力量"③。

我们还应注意到,文理之所以相通,还在于它们有着内在的联系。各门学科的研究对象究其总体来讲是客体世界。每门学科从不同角度探索客体世界某一方面的规律,有着各自的特殊研究对象。现代科学的主要特点在于从整体上反映客体世界的规律性,是人们系统认识世界的知识体系。其中因子之一的经济学应随之协同发展。长期以来,经济学研究的对象限于生产关系,很少联系生产力,不联系人口、资源与环境的协调发展,空谈生产关系,自我切断了与科学体系中的网络,也就难以揭示经济运动中的内在联系(规律性)。只有克服这个问题,经济科学才能发展,才能科学地引导经济持续、快速、健康发展和社会全面进步。

二、《资本论》研究的目的

《资本论》"最终的目的就是揭示现代社会的经济运动规律"(第11页)。

资本主义社会的经济规律,是资本主义商品生产总过程中的运动规律,主要有生产力发展规律、按比例规律、再生产速度规律、

---

① 《政治经济学批判大纲》第三分册第369页。
② 《列宁全集》第20卷,第189页。
③ 恩格斯:"在马克思墓前的讲话",《马克思恩格斯全集》第19卷,第375页。

生产关系和生产力相互作用的规律、价值规律、价值增殖规律等等。其中,值得特别注意的是:在价值规律基础上的价值增殖规律的叙述是《资本论》的主要脉络。

众所周知,社会基本矛盾是生产力与生产关系的矛盾。基本矛盾中对立统一的规律是生产力(生产的物质内容)与生产关系(生产的社会形式)相互关系的规律。它包含生产力决定生产关系的规律和生产关系反作用于生产力的规律。在一定的社会经济形态中,则主要考察生产关系反作用于生产力的规律。一般说来,一定的生产关系下所进行的生产,它的目的当然是为了该生产关系的利益。在人类进入文明时代以后,这种利益只能来自剩余劳动。于是代表该生产关系的生产资料所有者,占有剩余劳动(剩余产品或剩余价值 m)以增殖资本便成为他生产的目的。为了达到这一目的,他又要以发展生产力为手段,才使劳动者能够提供剩余劳动。这里,目的制约着手段,所以说是反作用。于是,在市场经济体制下,生产剩余价值并通过积累增殖资本(或资金)价值便成为生产的目的。这个以提高生产率为手段达到价值增殖目的的规律(简称价值增殖规律)贯穿 3 卷本《资本论》之中。

在第 1 卷,首先叙述了价值规律,它是价值增殖规律的基础。价值规律是商品经济的基本规律。商品孕育着社会基本矛盾——作为使用价值是生产力的结果,作为价值又是一种特殊的生产关系,两者的内在联系形成价值规律,因此,《资本论》第一篇是从分析商品开始的。然后在第三、四、五篇接着就叙述资本在壮大自己的过程中,如何运用简单协作、分工协作、机器大工业发展生产率作为手段,来达到生产剩余价值的目的。接着在第七篇再叙述剩余价值转化为资本,最后达到资本价值增殖的目的。书中还指出,这种增殖还会进一步促进生产力的发展。因为"剩余价值不断转化为资本,表现为进入生产过程的资本量的不断增长。这种增长又成为不断扩大生产规模的基础,成为随之出现的提高劳动生产力和加速剩余价值生产的方法的基础"。

在第2卷，论述资本为了达到价值增殖的目的，还要以加快再生产速度，减少资本预付（占用）量（表现为加速资本周转）为手段，占有年剩余价值的目的。而这还是要以提高生产力和按比例地进行生产作为手段和前提。

在第3卷，由于价值增殖还表现为分配关系，于是生产的目的的剩余价值 m 采取了利润 p 的形式。资本价值增殖规律就进一步展开为：以提高生产力为手段，达到最大限度占有利润，至少也要取得平均利润，并进行积累的目的。但是，提高生产力会使平均利润率下降，这又和资本价值增殖发生矛盾，"手段——社会生产力的无条件发展——不断地和现有资本增殖这个有限目的发生冲突"。矛盾的激化便导致经济危机。资本为了自身的利润促进社会生产力的发展。最后，当社会生产力发展到这个资本外壳容纳不了的时候，社会主义形式就会取代资本形式。

第3卷还具体分析了生产关系与分配关系的关系——前者决定后者，后者实现前者。不仅指出利息是资本所有权的实现形式，利润是资本使用权实现形式；而且指出"地租是土地所有权在经济上借以实现即增殖价值的形式"。据此，贷出资金收不到利息就等于否定资金所有权。书中还专门指出，如果出让土地取不到地租，就"意味着土地所有权的废除，即使不是法律上的废除，也是事实上的废除"。总之，这一卷分析的是，资本与土地各自的两权（所有权与使用权）在分配关系上的实现形式。

《资本论》是百多年前出版的。但书中所揭示的社会生产力规律、价值规律、价值增殖规律并未过时，而且恰恰是社会主义市场经济内在必然性，是我们经济工作中必须遵循的。

三、《资本论》的叙述方法和体系

资本是一个运动，具体说来就是资本主义商品生产的总过程。

这个总过程是直接生产过程、流通过程和分配过程综合在一起的有机体。《资本论》不过是对这个有机体的理论叙述。由于叙述方法恰当，叙述的理论符合客观规律，因而成为科学。所以，《资本论》所叙述的理论不是教义，而是严密的科学结论，并且是一种方法。不了解这种方法就不能完全理解《资本论》。

马克思在编写《资本论》以前，运用的是**研究方法**。研究的方法是从实际出发，从感性认识到理性认识，这个思维的行程就是从现象到本质、从具体到抽象、从复杂到简单。《资本论》研究的是资本主义生产总过程。研究方法就是先从总过程的复杂的、具体的现象出发，像解剖人体一样，先划开分配过程这层"皮"，再剥掉流通过程这层"肉"，由表及里，一直深入到"骨骼系统"（直接生产过程），也就是深入到简单的、抽象的本质。

马克思编写《资本论》的方法则是运用**叙述方法**。叙述的方法是根据研究的结果，把所研究的客观事物，从理论上表述出来，因而和上述思维行程正好相反，它是从本质到现象、从抽象到具体、从简单到复杂。我们现在要掌握的正是这个叙述的方法。《资本论》第1卷叙述的是资本直接生产过程，这是总过程的本质部分。由此出发，反研究方法之道而行，不是由表及里，而是由里及表，从这个简单的、抽象的本质开始，然后加上流通过程，就展开为第2卷所叙述的资本的流通过程——这是包含直接生产过程在内的广义的流通过程。但是，在这个叙述的进程中，前面叙述过的原理，后面一般不再重复。因此，第2卷所论述的流通过程虽然包含着生产过程，却不是第1卷叙述的直接生产过程的简单重复，而是对第1卷的补充；并且第2卷的理论是以第1卷为前提为基础的。另一方面，第2卷的理论还有待于展开，还要以第3卷为归宿。第3卷又在广义的流通过程的基础上再加上分配过程，展开为资本主义生产的总过程。

所以，学习第1卷还必须联系到第2卷和第3卷的一些基本原理。我们仍然用前面讲的"人体"作为比喻。前面讲过,叙述方法不是解剖它,而是说明它。第1卷叙述了它的"骨骼系统",第2卷进一步叙述了"包含着骨骼的肌肉系统",第3卷则是叙述"包含着骨头和肉的表皮系统"。这样,从第1卷到第3卷,就把这个"人体"从里到外都叙述清楚了。如果学习第1卷而不知第2卷内容,就只看到骨骼系统而未触及肌肉系统。如果学了第1卷和第2卷而不知第3卷的内容,那虽然深入了解了这个"人体"的"骨骼和肌肉系统",呈现在我们面前的还只是一个没有皮肤的"人体"。所以学习第1、2卷以后,还要进一步学习第3卷。

这个叙述的方法是经过马克思改造的黑格尔的逻辑方法。黑格尔在他的逻辑学中把概念的展开比作"圆圈的圆圈"。我认为《资本论》的叙述方法也可以用圆圈的圆圈来表示。具体表述见图0.1所示。

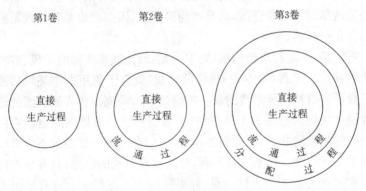

图 0.1 圆圈表述法

内圈是普遍的东西,是简单的、抽象的、本质的东西。由内圈向外圈的展开,展开为复杂的、具体的东西,因而是越来越接近现象的东西。外圈并没有丢掉内圈,而是在内圈的规定上再加上新的规定,使内圈不断丰富和充实起来。

内圈(生产过程)实质上是社会基本矛盾(生产力与生产关系)

对立统一的过程。可见,只要弄清这种方法,《资本论》的体系和结构也就明显地呈现出来。

弄清了这种方法,还会逐步体会到,《资本论》中的主要范畴以及对规律的表述,都不是僵硬的定义,而是在它们逻辑的形成过程中,不断地由内圈向外圈的展开。恩格斯在《资本论》第3卷序言中指出:"不言而喻,在事物及其互相关系不是被看作固定的东西,而是被看作可变的东西的时候,它们在思想上的反映、概念,会同样发生变化和变形;我们不能把它们限定在僵硬的定义中,而是要在它们的历史的或逻辑的形成过程中来加以阐明。"

四、《资本论》的学风

前面说过,《资本论》的叙述方法是以研究方法为基础的。它不是黑格尔的唯心辩证法,而是唯物辩证法,因而理论是和实践紧密结合在一起的。

但是,不能简单地理解《资本论》的理论联系实际的学风。有些读者在没有掌握《资本论》理论的时候,就急于想用书中某句话或某段话来解释他弄不清的现实问题。当年,马克思曾告诫法国的读者说:"法国人总是急于追求结论,渴望知道一般原则同他们直接关心的问题的联系,因此我很担心,他们会因为一开始就不能继续读下去而气馁。这是一种不利,对此我没有别的办法,只有事先向追求真理的读者指出这一点,并提醒他们。在科学上没有平坦大道,只有不畏劳苦沿着陡峭山路攀登的人,才有希望达到光辉的顶点。"(第26页,《资本论》法文版序言)

学习理论是艰苦的脑力活动,马克思还说过,在科学的入口处,好比在地狱的入口处一样。所以,有志学好《资本论》的读者必须下定决心,舍得挤出时间,又肯花费气力,这样,到了一定时间,"众里寻他千百度。蓦然回首,那人却在,灯火阑珊处"。

《〈资本论〉脉络》这本书,不能代替有志学好《资本论》的读者自己的艰苦的脑力活动。学习《资本论》要学原著。本书不过是作者学原著的一些体会,有些可能还是不恰当的。它主要只介绍基本理论(主要范畴及其叙述的经济规律),以供读者参考。作者相信,当读者掌握了原著所叙述的商品生产总过程这一有机总体的有关规律,并结合所了解的现实问题,就会蓦然发现潜在于实际现象中的那些经济规律。

第一篇 资本的生产过程
（直接生产过程）

资本的直接生产过程是《资本论》第1卷叙述的中心内容。

资本的生产过程就是再生产过程。因为：(1)从作为劳动过程的生产过程来讲，"不管生产过程的社会形式怎样，它必须是连续不断的，或者说，必须周而复始地经过同样一些阶段……因此，每一个社会生产过程，从经常的联系和它不断更新来看，同时也就是再生产过程"（第621页）①。(2)从作为资本价值增殖过程的生产过程来讲，一般先有剩余价值的生产过程，才会有剩余价值转化为资本，才会有资本自身的生产过程，才会有它的再生产过程。

再生产过程是以流通为媒介的。按照由抽象到具体的方法，第1卷暂时撇开流通过程，侧重叙述直接生产过程。

为了叙述直接生产过程，先要在这个不断更新的运动中抽出一个片断（一次生产过程）进行分析。又因为这个生产过程又是商品生产过程，为此还要先分析商品和货币。这样，《资本论》第1卷

---

① 在"资本的生产过程"部分中，凡未加注书名的页码都是指《资本论》第1卷（《马克思恩格斯全集》第23卷）的页码。

就由三大部分构成,即:

一、导言:商品和货币(第一篇);
二、剩余价值的生产过程(第二篇到第六篇);
三、资本的生产过程(第七篇)。

这当中每一部分都和它的物质内容生产力的发展分不开。

如果用 W 表示商品(德文为 Ware),G 表示货币(德文为 Geld);W' 表示包含剩余价值的商品,G' 表示包含剩余价值的货币;P 表示生产资本,P 包含不变资本 c 和可变资本 v;那么,《资本论》第 1 卷叙述的顺序大致是:

(1) 商品 W 的内在矛盾运动。

(2) W 矛盾外化为 $W—W$(简单价值形式)。

(3) $W—W$ 再发展为 $W—G$(货币形式或价格形式)。

(4) 货币 G 产生以后,物物交换过程 $W—W$ 又转化为以 $W—G \cdot G—W$ 为环节的流通过程,即以货币为媒介的交换过程。

(5) 将上述先卖 $W—G$ 后买 $G—W$,颠倒为先买 $G—W$ 后卖 $W'—G'$,而且要卖得更贵一些,即 $G' = G + \Delta G$。但是,在等价交换规定下,这 ΔG 从何而来? 于是引出劳动力作为 W 被购买,并被带入生产过程。

(6) 这样,在买卖之间还有一个直接生产过程

$$W \cdots P \cdots W'$$

将它和买卖结合起来便是

$$G—W \cdots P \cdots W'—G'$$

(7) 又因为生产是一个不间断的运动,上面讲的仅是它的一个片断。这个无限运动形式就是

$$G—\underbrace{W \cdots P \cdots W'}_{\text{生产过程}}—G' \cdot G—\underbrace{W \cdots P \cdots W'}_{\text{再生产过程}}—G'$$

《资本论》第 1 卷第一篇按次叙述(1)到(4),第二篇说明(5),第三篇到第六篇说明(6),第七篇说明(7),不过,在说明(6)和(7)时,只说明其中直接生产过程 $W \cdots P \cdots W'$,而把流通过程的买 ($G—W$) 和卖 ($W'—G'$) 暂时撇开。

第一章 商品和货币

《资本论》论的是资本。资本是能够自行增殖的价值,价值又是凝结在商品之中,并表现在货币上面;况且,资本主义的生产过程又是作为资本产品的商品的生产过程,所以,为了弄清资本,必须先弄清商品和货币。第1卷第一篇就以叙述商品和货币作为整个《资本论》的导言。

我们还要注意到,资本是一个运动,我们一定要在资本的运动中掌握资本。资本运动的前导商品和货币的关系也是运动中的关系。商品是资本主义生产方式的社会财富元素形式,又是资本主义生产方式内在矛盾的胚芽。商品的运动就是这个胚芽状态的矛盾的展开过程。它包括:商品内在矛盾的运动;内在矛盾的外化;商品和货币的对立运动。在分析这个过程时,我们着重叙述商品生产和流通中的一些基本问题以及商品生产和流通的规律(价值规律)。

一、商品生产

商品生产和商品内在矛盾运动分不开。商品是使用价值和价值的对立统一体,前者体现生产力,后者代表商品经济的生产关系。叙述商品生产,既要叙述生产使用价值的生产力,又要说明创造价值的社会必要劳动时间,以及价值(生产关系)与生产力之间的关系。

商品矛盾和商品生产

相互联系的商品内在矛盾一共有四对(参阅第133页),即:使用价值和价值(见第一章第1节),具体劳动和抽象劳动(见第二节),私人劳动和社会劳动,物的人格化和人格的物化(见第四节)。这四对矛盾之间的关系可见图1.1所示。

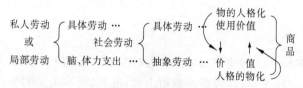

图1.1 四对矛盾关系图

商品的内在矛盾首先是使用价值和价值的对立统一。使用价值是商品的有用性质。使用价值是财富的物质内容,又是价值的物质承担者。使用价值在使用或消费中得到实现。另一方面,如果把商品体的使用价值撇开,商品就只剩下劳动产品这个属性。这不是指生产使用价值的某种具体劳动的产品,而是指抽去了具体形式的无差别的劳动的凝结,即抽象劳动的凝结。这些产品现在只是表示,在它们生产上耗费了抽象劳动。"这些物,作为它们共有的这个社会实体的结晶,就是价值——商品价值。"(第51页)

由此可见,商品的二重性是由劳动二重性创造的:同一劳动作为具体劳动它生产使用价值,作为抽象劳动它生产价值。这个过程实际就是商品的生产过程。在这里,具体劳动生产使用价值的过程实际上是生产力发挥作用的过程。必须注意,具体劳动还需要结合客体条件(生产资料)才能生产使用价值,具体劳动**不是**使用价值(物质财富)的唯一源泉。另一方面,抽象劳动创造价值的过程实际上是生产关系发挥作用的过程。抽象劳动是人类生理学意义上的支出的劳动(脑力和体力的支出)的社会历史形式;作为生产关系的价值它并不是物而是人与人之间的关系。抽象劳动**是**价值(抽象财富)的唯一源泉。劳动二重性"是理解政治经济学的枢纽"。

商品作为使用价值它是物,作为价值又是人与人的关系。商品二重性,物的属性和人的属性总是纠缠在一起的:它是物(使用价值)又具有人的属性(价值),即物的人格化;它具有人与人的关系的属性(价值)又是物(使用价值),即人格的物化。这样,商品的内在矛盾又包含着物的人格化和人格的物化的矛盾。如果对商品见物不见人就会产生商品拜物教。

由于商品以社会分工和商品私有制(一般说不必是私有制而是不同所有制)为前提,商品生产者所进行的劳动实际是社会分工的组成部分,是社会总劳动的组成部分。劳动二重性实际是局部劳动的二重社会性质,它包含在局部劳动和社会劳动矛盾之中。一方面,生产者的私人或局部劳动必须作为具体劳动来满足社会的需要,从而成为社会分工体系的一部分。另一方面,生产者支出的劳动必须作为抽象劳动才成为社会总劳动的支出部分。商品生产的私人或局部劳动虽然同时又是社会劳动,但要实现为社会劳动,这种社会属性又必须物化在商品之中并通过商品的交换而实现。这也意味着社会分工按比例配置资源的规律会通过市场价值规律为它开辟道路。

商品内在的矛盾,正是商品生产中生产力和生产关系的矛盾的胚芽形式。以下侧重分析:作为生产商品使用价值的具体劳动的生产力;作为生产商品价值的抽象劳动(体现商品生产关系的社会平均劳动);生产力的发展在单位商品价值量上的表现。由于这些原理具有一般性,所以也适用于社会主义商品生产,又由于它们是基本的原理,所以特别重要。

使用价值与生产力 生产力是任何生产方式的物质内容。因此,"生产力"是政治经济学上最重要的范畴,马克思在《资本论》中多处加以论述,现在加以综述。

所谓生产力,总是指劳动的生产力,并且是指具体劳动的生产力,即具体劳动运用劳动手段加工劳动对象以生产使用价值的能力。

生产力,从它的**出发点**,即从它的能力的源泉来讲,有劳动力和自然力,以及劳动力在利用自然力中所形成和积累起来的科学技术力。

在劳动力发挥作用下,劳动力、科学技术力和自然力互相结合,就成为各种不同的劳动生产力。劳动力和劳动力相结合成为劳动的社会生产力(或劳动的集体生产力);劳动力和自然力相结合成为劳动的自然生产力。劳动力和科学技术力相结合成为劳动的科学技术生产力。以上各种生产力相结合就成为一般含义的社会生产力。

生产力,从它**本身**,即从它的构成要素来讲,包含主体要素劳动者和客体要素生产资料(即人和物两个要素);或者说包含劳动者、劳动资料和劳动对象三要素。这当中,劳动力是基本的要素;劳动资料中的劳动手段是人的智力和劳动经验的物化,是人类劳动器官的延长、扩张与提高;劳动对象则形成或辅助形成使用价值的物质实体。

生产力的三个要素和生产力的三个源泉是分不开的。作为生产力的力量源泉的劳动力人化在劳动者身上,自然力物化在劳动资料和劳动对象之中,科学技术力则渗透在三要素的每一要素之中。综合这些因素,书中指出:"劳动生产力是由多种情况决定的,其中包括:工人的平均熟练程度,科学的发展水平和它在工艺上应用的程度,生产过程的社会结合,生产资料的规模和效能,以及自然条件。"(第53页)既然"自然条件"也是决定生产力的因素,就不应将自然环境及其提供的资源排斥在决定生产力的因素之外。

生产力,或者说劳动生产力,从它的**结果**,即从它的作用的效率来讲,就是劳动生产率。劳动生产率是用单位时间生产的使用价值量来标志劳动生产力的效率。但劳动生产率不仅是劳动生产力作用的结果,并且是劳动强度的结果。因此,只有在劳动强度不变时,劳动生产力和劳动生产率这两个词才可以通用;在劳动强度可变时,两者就不能通用。在实践中,劳动生产率往往是劳动生产力和劳动强度两者综合作用的结果。

上述决定生产力的多种情况散见3卷本《资本论》中,或侧重叙述这种情况,或侧重那种情况。现分别综述如下。

1. 关于劳动者的素质与数量

生产力指劳动生产使用价值的能力。这里的劳动指活劳动和过去劳动的结合。其中活劳动由劳动者提供。

就劳动者的素质来讲,生产力决定于"劳动者的平均熟练程度",并且"少量的复杂劳动等于多量的简单劳动"。因此,为了提高劳动生产力必须提高劳动者的知识和技能。于是教育就越来越重要。"未来教育对所有已满一定年龄的儿童来说,就是生产劳动同智力和体育相结合,它不仅是提高社会生产的一种方法,而且是造就全面发展的人的唯一方法。"马克思还说:"最先进的工人完全了解他们阶级的未来,从而也是人类的未来,完全取决于正在成长的工人一代的教育。"[①]

再就劳动者的数量来讲,由于生产力是劳动者(用 A 表示)与生产资料(用 Pm 表示)的结合,这里又有一个结合的量的比例问题。这个量是用劳动来计算的,A 的使用是活劳动,Pm 是过去劳动量的凝结物。这个量又可分为耗用量与占用量。就劳动的耗用量来讲,"劳动生产率的提高正是在于:活劳动的份额减少,过去劳动的份额增加,但结果是商品中包含的劳动总量减少;因而,所减少的活劳动要大于所增加的过去劳动"。就劳动的占用量来讲,两者的比率(Pm/A)则是标志生产力水平的技术构成。在这个构成中,Pm 中劳动手段的增加是生产力增长的条件,劳动对象的增加则是生产力增长的结果。"但是不管是条件还是结果,只要生产资

---

① 《马克思恩格斯全集》第16卷,第217页。

料的量比并入生产资料的劳动力相对增长,这就表现劳动生产率的增长。"(第683页)当然,这里的前提是占用的Pm(特别是劳动手段)必须充分使用。如果闲置少用,转移到单位商品的过去劳动(以折旧费形式)就会大量增加,以致包含在商品中的劳动总量不能减少反而增加,那就是劳动生产力的下降。

再将两者的素质与数量结合在一起来看。Pm/A是生产力的技术构成,是在质的基础上的量的比例,因而量的变化是和质的变化结合在一起的。当然,劳动者的量大质低,生产力低下,就出现劳动力密集型产业,即Pm/A中的分母额大。机器大工业的兴起,Pm与A的素质的提高,生产力的发展,要求Pm的量比并入Pm的A相对增长,Pm/A中分子份额大,形成生产资料密集型产业。随着新的技术革命,分子分母的技术含量有着突变,形成技术密集型产业,社会生产力有着突变性大发展;这时社会所需人口的数量将进一步缩小,所需人口的素质则要大大提高。

2. 关于"生产过程的社会结合,生产资料的规模和效能"

《资本论》在分析生产过程的社会结合的历史过程中,对上述Pm/A,一方面叙述A如何经过简单协作、分工协作到使用机器的协作,创造和发展了单个劳动力不能展开的社会劳动生产力;另一方面叙述Pm的规模扩大与效能增加,既是生产过程社会结合的结果,又融入这结合之中,与社会化的A共同提高社会生产力。

值得注意的是,书中不仅叙述工业如何从"生产过程的社会结合,生产资料的规模和效能",以提高劳动的社会生产力,而且就此特别分析了农业生产力问题。农业的主要生产资料是土地,只有在大块土地上进行规模经营,才会有高效能——高的生产力。书中指出,小块土地经营"占统治地位的,不是社会劳动,而是孤立劳动。在这种情况下,再生产及其物质条件和精神条件的多样化和发展,都是不可能的,因而,也不可能具有合理的耕作的条件"(第3卷第916页)。一旦土地规模经营,农业科学技术才有用武之地,土地资源的自然力得以充分利用,农业生产力就会大幅度提高。这时"农业工人人口的需求就随着在农业中执行职能的资本的积累而绝对地减少,而且对人口的这种排斥不像非农产业中那样,会由于更大规模的吸引而得到补偿"。

3. 关于"科学的发展水平和它在工艺上应用的程度"

科学是潜在的生产力,它通过在工艺上的应用形成技术并转化为现实的生产力。"随着大工业的发展,现实财富的创造较少地取决于劳动时间和已耗费的劳动量,较多地……取决于一般的科学水平和技术进步"。其所以如此,是因为科学可使"劳动者利用物的机械的、物理的和化学的属性,以这些物当作发挥力量的手段,依照自己的目的作用于其他的物。"同时按照科学原理塑造的技术设备,又是为了"以自然力来代替人力,以自觉应用自然科学来代替从经验中得出的成规。"其结果,"大工业把巨大的自然力和自然科学并入生产过程,必然大大提高劳动生产率"。在这种情况下,"社会的劳动生产力,首先是科学的力量"。

书中还分析了科学的发展规律,生产科学技术的精神劳动与教育的关系,以及它和生产物质产品的劳动的关系。首先,这个精神劳动也是社会化劳动,但科学不仅是当代科研工作者精神劳动协作的成果,更重要的是一代代科学家批判地继承下来的精神劳动的结晶。书中将这种特殊的精神劳动称之为"一般劳动"。"一般劳动是一切科学工作,一切发现,一切发明。这种劳动部分地以今人的协作为条件,部分地又以对前人劳动的利用为条件"(第3卷第120页)。科研工作者所从事的劳动既包含着前人和今人的集体智慧,又要在继承的基础上有所发展,或发现新定理,或发明新技术,也就发展了科学和技术,提高了一般劳动的生产力。科学技术是在继承前人的和学习今人的成果的基础上才能加速发展。否定继承,万事从头做起;或闭关锁国拒绝这样宝贵的精神财富,都是愚蠢的。第二,"因为再生产科学所必要的劳动时间,同最初生产科学所需要的劳动时间是无法相比的,例如学生在一小时内就能学会二项式定理"。也就是说,发展科学不仅教育为本,而且教育是最经济的。第三,当科学在工艺上应用时,生产科学的一般劳动就渗入生产产品的劳动。这当中,虽然投入的是大量的一般劳动,毕竟是一个确定的量,但它能使自然力代替劳动力却是一个持续的量。也就是说科学技术为生产产品所节约的劳动量必然大于生产科学技术自身的劳动量。

4. 关于自然条件

"劳动生产率是同自然条件相联系的。这些自然条件都可归结为人本身的自然……和人周围的自然。"(第560页)人本身的自然指他的体力与智力,人周围的自然是生态环境所提供的资源。"劳动首先是人和自然之间的过程,是人以自身的活动来引起、调整和控制人和自然之间的物质变换的过程。"

具体说来,人周围的自然主要是生态环境。地球表层是生态系统的载体,系统所依附的部分成为生态环境。生态环境可以分为三个层次:(1)生命赖以生存的环境(生境),它为生命的发育提供阳光、水、大气、土地以及蕴藏其中的有机化合物。(2)生命系统的多样性生物——先是通过光合作用而出现植物,然后是吃植物的动物、吃动物的动物,再是分解动植物代谢物的微生物。代谢物再化作春泥供植物吸收,或作为饲料供动物食用。生命系统与生境复合为自然生态系统。(3)人,作为自然的人(人是动物),它只能在生态规律制约中生存;但作为社会的人(具有一般动物所没有的智力),当他未认识生态规律时,却会做出破坏生态环境的事。人的社会经济活动(人工)应顺乎生态规律,从而与自然生态环境复合为人工生态环境,人类的社会生活才能可持续发展。由此可知,为了可持续发展就必须维护生境中的水、大气、土地等三种物理形态(液、气、固)的正常物理循环运动,使它们在运动中更新成为再生资源,并保护其中适于生命需要的化学成分,防治有害成分的污染。在此基础上保护生物多样性,取得也是再生性的生物资源。还要特别保护作为生态支柱的森林。但是,这当中问题还在于环境提供的资源不限于生态系统中的因子,有大量非生态因子(矿物)进入生态环境,如不合理使用,其化学结构又污染各层次生态因子,危害环境。

因此,劳动生产率是劳动的三种生产力(劳动的自然生产力、社会生产力和技术生产力)综合的结果。如果滥用资源,其代谢物就会破坏自然生态环境,也就从根源上破坏了生产力。恩格斯语重心长地说:"我们不要过分陶醉于我们对自然界的胜利。对于每一次这样的胜利,自然界都报复了我们……我们连同我们的肉、血和头脑都是属于自然界,存在自然界的;我们对自然界的整个统治,是在于我们比一切其他动物强,能够认识和正确运用自然规律"。马克思在《资本论》中也期望着未来社会"联合起来的生产者,将合理地调节他们和自然之间的物质交换"(第3卷第926页)。

价值与社会必要劳动时间

单个商品的价值量由社会必要劳动时间规定。这个规定也是价值规律的基本规定性。

价值规律从它的基本点来说,就是生产使用价值的社会必要劳动时间,决定该使用价值的价值量。这个基本规定首先规定使用价值是前提。一个商品如果质量不好,它就没有使用价值,或者说它就没有用处,生产这个商品所耗费的劳动就不会形成价值,所投下的生产费用也就白白浪费了。

在质量合乎规格的前提下,商品的价值量就由社会必要劳动时间来决定。什么是社会必要劳动时间?"社会必要劳动时间是在现有的社会正常的生产条件下,在社会平均的劳动熟练程度和劳动强度下制造某种使用价值所需要的劳动时间。"(第52页)这就是说,社会必要劳动时间是在以下几个条件下生产某种商品所需要的劳动时间:(1)是在现有的社会生产条件下生产某种商品的劳动时间。就是说,商品价值不是由过去生产该商品的实际耗费的劳动时间,而是由现在再生产该商品所必需的劳动量来决定。也就是说,"每一种商品(因而也包括构成资本的那些商品的价值),都不是由这种商品本身包含的必要劳动时间决定的,而是由它的再生产所需要的**社会**必要劳动时间决定的。"① (2)是在正常的(或一般的)生产条件下的劳动时间。如果社会上某商品的生产,一般都用机器生产,那正常的生产条件就是机器。该商品的社会必要劳动时间,就要按机器产品所耗费的劳动时间来计算,而不能按用手工工具生产所需要的时间来计算。正常的生产条件还包括正常质量的劳动对象。如果原料质量不好,不仅影响产品的质量,而且加工时间也会超过社会必要劳动时间。(3)是在社会平均的劳动熟练程度下的劳动时间。如果该生产部门某一企业的劳动者在操作中达不到这个平均熟练程度、技巧和速度,他们的劳动时间在计算时就要打折扣,折合为比他们实际劳动时间较少的社会必要劳动时间。(4)是在平均劳动强度下的劳动时间。显然,松松垮垮是不能成其为社会必要劳动时间的,必须出工又出力,并且出力要出到平均的强度(平均的紧张程度),才能成为社会必要劳动。总之,以上这些都是指现有的平均情况,因而社会必要劳动时间,又可以叫做社会平均劳动时间。

一个企业的商品生产费用应该以社会必要劳动时间为标准,这不仅对耗费的活劳动是这样,对过去劳动也要这样。机器和原料等生产资料要按照一般的质量和平均消耗数额来转移旧价值。例如,纱锭一般是用铁做的,就只能按铁锭价值转移到商品中去。"如果资本家异想天开,要用金锭代替铁锭,那末在棉纱的价值中仍然只计算社会必要劳动,即生产铁锭所必要的劳动时间。"(第213页)再如纺纱的原料也是这样,它不仅要具有一定的质量规格,

---

① 《资本论》第3卷、《马克思恩格斯全集》第25卷,第158页。

而且要按社会平均的消耗额进行核算。如果纺一斤纱社会平均需要一斤一两棉花,一个企业如果实际耗费了一斤半,那转移到棉纱中去的棉花价值仍然只按一斤一两计算,社会对这多耗的四两是不承认的。如果这个企业加强管理,杜绝浪费,以致生产一斤棉纱只耗一斤棉花,它仍然按社会必要劳动(相当于一斤一两棉花的价值)转移价值,这样在原料转移的价值方面就能扭亏为盈或多盈利。

社会必要劳动时间既不是单方面地由耗费的活劳动时间的社会平均数来规定,也不是单方面地由耗费的过去劳动时间的社会平均数来规定,而是由两者的**总和**的社会平均数来规定。

我们还要注意到:"每一种商品……的价值,都不是由这种商品本身包含的必要劳动时间决定的,而是由它的再生产所需要的社会必要劳动时间决定的。"[①]这一原理使我们易于理解资源的价值与价格。未经人类开发的自然资源,不是劳动产品,没有价值,因其稀缺性,可以有价格。但由于资源的过度使用,不得不用劳动来使之再生,那再生资源就具有价值,这时原始的自然资源也不因其不包含劳动而无价值,也要按再生资源所耗劳动而计其价值。例如,一棵原始森林树的价值,是由人工林场再生产同类树所需要的社会必要劳动时间决定。而且,当着一些生产者破坏环境,使资源损毁,社会不得不投入大量治理环境的劳动,这也是投下大量使资源再生的劳动,从而使资源的价值、价格上涨。如果忽视这一点,让资源无价或低价,就会导致滥用资源,进一步破坏环境。

在以上定性分析基础上,再作以下定量分析。既然社会必要劳动时间是生产单位商品(使用价值)所耗费的社会平均劳动时间,这个劳动量实际上是同种商品生产者在不同生产条件下所耗费的个别劳动时间的社会平均数,或者说,价值(社会价值)是个别价值的社会平均数。以表1.1数字为例。

表 1.1　价值的社会平均数表

	个别价值	1		2		3	
		产量	产值	产量	产值	产量	产值
优等条件下	8	50	400	50	400	50	400
中等条件下	9	50	450	50	450	50	450
劣等条件下	10	40	400	0	0	80	800
合　　计		140	1 250	100	850	180	1 650
社 会 价 值			8.9		8.5		9.2

表 1.1 中假定表现个别劳动时间的个别价值以元计量,优、中、劣生产条件表示同种商品生产者具有不等的生产力,商品社会价值是以产量为权数计得的个别价值的平均数,它反映社会平均的生产力。如果是按表中第 1 种情况总产量为 140 件来生产,则社会价值为 8.9。但若市场只需要 100 件,供过于求,140＞100,跌价使劣等条件生产者退出市场,形成第 2 种情况。此时,该部门平均生产力提高,社会价值则下降为 8.5。反过来,如果市场需要 180 件,供小于求,140＜180,涨价反使劣等条件者得以增产,形成第 3 种情况。此时部门平均生产力下降,社会价值则上升为 9.2。有关这方面论述在第 3 卷第十章加以展开。

商品价值与生产力成反比　现在将以上分析商品矛盾两个方面加以综合。这两者之间的内在联系在数量上表现为反比例的关系。这也可以说是价值规律的根本规定性。商品经济体制之所以能促进生产力发展,就有赖于这一规定性。具体说来就是:"劳动生产力越高,生产一种物品所需要的劳动时间就越少,凝结在该物品中的劳动量就越小,该物品的价值就越小。相反地,劳动生产力越低,生产一种物品的必要劳动时间就越多,该物品的价值就越大。"(第53页)因此,只要牢牢抓住一个商品的价值量(旧价值和新价值的总量)与劳动生产力成反比这一原理,或者说,只要牢牢抓住生产商品所消耗的劳动量(过去劳动和活劳动的总量)与劳动生产力成反比这一原理,对单位商品进行严格的核算,从而设法减少这个量,其结果必然是生产力的提高。

我们还要注意到,在技术革命的过程中,由于采用新机器等新型设备,商品中所包含的过去劳动部分(即机器等生产资料转移的旧价值部分)在有些场合往往会增加,活劳动所创造的新价值部分则会大大减小(因为新机器代替了大部分人力),但若过去劳动(不仅包括新机器的折旧部分,而且包括为使用这种机器的动力,以及原料和运输与保管所耗的过去劳动)增加的数量,超过了活劳动减小的数量,一个商品所包含的总劳动量就会增加。在这种情况下,新机器的使用固然代替了一部分活劳动,但劳动生产力反而下降了。"假使使用固定资本的费用多于使用活劳动,那就是说,为生产固定资本或为维持它所需要的活劳动多于它所代替的活劳动,那将是一种损失"[1]。因此,在采用新机器生产某种产品时,产品中因使用机器而增大的过去劳动必须小于机器所代替的活劳动,才能使产品所包含的劳动总量有所减小,才会有劳动生产力的提高。"劳动生产率的提高正是在于:活劳动的份额减少,过去劳动的份额增加,但结果是商品中包含的劳动总量减少;因而,所减少的活劳动要大于所增加的过去劳动"[2]。总之,机器等设备必须提高利用率,单位商品所耗劳动总量必须减少,否则生产力就不会提高,甚至反而下降。

二、货币或商品流通

商品的内在矛盾在交换过程中表现为外在的两个互相交换的

---

[1] 马克思:《政治经济学批判大纲(草稿)》第4分册,第26页。
[2] 《资本论》第3卷、《马克思恩格斯全集》第25卷,第290页。

商品的对立运动,并进一步展开为商品和货币的对立运动,货币的产生又使商品交换过程展开为商品流通过程,使交换过程的矛盾展开为卖和买的矛盾。

商品矛盾的外化,价值形式的展开 第一章第三节专门论述了这个问题。商品用它自己的身体来体现使用价值,它的价值却是看不见摸不着的。商品只有在和另一种商品交换时,它的价值才表现在另一种商品的使用价值上面。例如

$$20 \text{ 码麻布} = 1 \text{ 件上衣}$$

抽象地讲,就是商品 W 与 W 直接交换($W—W$),即

麻布的价值要相对表现在上衣的使用价值(物体)上面。同样原因,上衣也不能表现自身的价值,它在这个关系中只是作为**麻布的价值形式**(等价形式)。就上衣自己来说,把上衣磨得只剩几根纱,也找不到上衣的价值在哪里。但若把它放在和麻布相交换的关系上,上衣就是扣紧了钮扣,麻布也会在上衣身上一眼认出和自己同一血统的价值灵魂。麻布就这样取得了**简单的价值形式**。

价值形式是在交换过程中形成的,因而又可叫做交换价值。交换价值就其内容来讲,交换双方(商品麻布和等价物上衣)必须都是具有价值的物;就其数量关系来讲,双方的价值量必须相等(20码麻布的价值量 = 1件上衣的价值量),即等价交换。因此,表现商品麻布价值量的等价物上衣的使用价值量,不仅由麻布的价值量来规定,而且由等价物上衣的价值量来共同规定。它与前者成正比,与后者成反比。如果列为公式,就是:

表现商品价值量的等价物的量

＝商品的价值量÷等价物的价值量

简单价值形式具有价值形式的基本规定性，是一切价值形式的胚胎形式，所以特别重要。用圆圈的圆圈方法，它是内圈，它逐步展开为扩大的价值形式（第一个外圈），再展开为一般价值形式（第二个外圈），最后发展为货币形式或价格形式（最后一个外圈）。所有外圈都包含内圈的基本规定性。所以，马克思在1867年致恩格斯信中指出，价值形式"这部分对全书来说是太有决定意义了"，"20码麻布＝1件上衣这一形式，只是20码麻布＝2英镑这一形式的未经发展的基础，所以，最简单的商品形式……就包含着货币形式的全部秘密"。

货币出现以后，商品W的价值便表现在货币G上面（$W—G$），即

商品价值的货币表现就是商品价格。在价格形式中，货币的职能是价值尺度，即用货币的数量来尺度商品的价值量。这样，商品内在的由社会必要劳动时间决定的价值量，被表现为商品同它之外的货币的交换比例关系。在这个关系中，只是用货币作为等价物，因而上述公式也是适用的，即

表现商品价值量的货币量（价格）

＝商品的价值量÷货币的价值量

就是说，在价格反映价值的条件下，或者说在价格和价值一致条件下，商品的价格不仅由商品自身的价值量来规定，而且由货币的价值量来共同规定。

在 20 码麻布 ＝ 1 件上衣中,商品内在矛盾展开为外在的使用价值形式(麻布)和价值形式(上衣)的对立。在 20 码麻布 ＝ 2 英镑中,这个矛盾又进一步展开为商品和货币的对立。

货币是交换过程的产物　　前面只是从理论上叙述价值的胚胎形式(简单价值形式),中经扩大价值形式和一般价值形式,发展到完成形式(货币形式)。现在是从现实交换关系来说明这个过程,"**交换过程同时就是货币的形成过程。**"①

交换过程首先使劳动产品转化为商品。最初,两个原始公社互通有无,发生了个别的或偶然的物物交换,以后又扩大了交换范围。这些物在交换前还是公社自给性经济中的劳动产品,它们通过交换才成为商品。

随着物物交换的发生,同时产生了交换过程的矛盾。即在许多场合我要换你的产品,你却不要我的产品。我的产品的使用价值你不需要,我的产品的价值也就随之不能实现。商品生产和商品交换的发展,这个矛盾也扩大了。于是出现了一般等价物,出现了萌芽状态的货币,用以解决交换中的矛盾。最后,一般等价形式固定在黄金上面。这就是货币的形成过程。

交换过程蕴含市场经济关系的基本规定性　　"一切商品对它们的所有者是非使用价值,对它们的非所有者是使用价值。因此,商品必须全面转手。这种转手就形成商品交换,而商品交换使商品彼此作为价值发生关系并作为价值来实现。"市场中这种经济关系会人格化为商品所有者之间的关系。在市场中,他们必须彼此承认对方是各自商品的所有者。"这种法权关系或意志关系的内容是由这种经济关系本身决定的。在这里,人们彼此只是作为商品的代表即商品所有者而存在。"

---

① 《马克思恩格斯全集》第 13 卷,第 41 页。

也就是说，市场经济关系的基本规定性是交换的商品必须属于它的所有者，而不管生产该商品的生产要素归谁所有。这就意味着市场经济可以和各种所有制相结合，既可以和私有制，也可以和公有制相结合。历史上，市场的萌芽正是发生在原始公有制之间的。"商品交换是在共同体的尽头，在它们与别的共同体或其成员接触的地方开始的。"此后，市场经济长期与私有制相结合，在使自己有长足发展的同时，还使特殊的所有制带有市场的特色。例如，在奴隶制社会，奴隶也表现为商品进入市场。在前资本主义时期，市场也就和掠夺制度结合在一起，在"某些商业发达国家，它是和暴力掠夺、海盗行径、绑架奴隶、征服殖民地直接结合在一起的"。

及至资本主义社会，由于资本是商品，是价值，作为要素所有权的资本主义私有制就和作为商品所有权的市场经济关系紧密地结合一起。于是，市场价值规律才得以顺利运行。这时，市场又适应资本的发展，它"无情地斩断了把人们束缚于天然首长的形形色色的封建羁绊，它使人和人之间除了赤裸裸的利害关系，除了冷酷无情的'现金交易'，就再没有任何别的联系了"。另一方面，价值规律进而价值增殖规律对生产力的反作用，又使"资产阶级在它不到一百年的阶级统治中所制造的生产力，比过去一切世代创造的全部生产力还要多，还要大"。这里，还要特别注意到，虽然市场经济关系不问生产要素归谁所有，但要素却会采取商品形式，形成特殊市场(资本市场、土地市场)来实现它们的所有权，《资本论》第3卷专门叙述这个问题。

正是由于上述市场经济关系的基本规定性，它也可以和以公有制为主体的社会主义经济制度相结合。结合的目的也在于利用市场价值规律和价值增殖规律来促进生产力的发展。利用的形式则是通过资本市场实现国有资金的保值和增殖，垄断土地一级市场实现土地国有化。

货币或商品流通

现在,第一章的内容通过第二章的过渡,进入第三章。

货币的出现,物物的直接交换(商品—商品或 W—W)便转化为商品流通,在商品流通中,适应商品价值的待实现,货币具有价值尺度的职能;适应商品使用价值的转手,货币又具有流通手段或购买手段的职能。

什么叫做商品流通?简单地说,商品流通就是以货币为媒介的商品交换。但是,既不能把它简单地理解为就是商品形态变化的循环 W—G—W,也不能把它简单地理解为各个商品循环的数学意义上的总和。

商品循环 W—G—W 只是商品流通的一个环节。任何一个环节的商品形态变化都经历了两个阶段或两次形态变化:商品形式转化成为货币形式,W—G,卖;货币形式转化为商品形式,G—W,买。这两个阶段合起来组成一个循环 W—G—W,即商品形式(W),商品形式的抛弃(G),商品形式复归(W)。当然,这仅仅是就商品的形式变化而不是它的物质变换而言的。就使用价值而言,起点的商品和终点的商品当然不是一样的,否则就没有交换的必要了。而且,起点的商品和终点的商品也不是相互交换,如果起点的商品的所有者和终点的商品的所有者对换他们的商品,这只是一种物物交换,无需货币作为媒介。

可见,以货币为媒介的交换之所以叫做商品流通,严格地讲,并不是就某一个环节来讲的。**商品流通是各个商品循环环节交错在一起的总运动**。假定小麦所有者将出卖小麦所得的货币 G 购买了麻布,他并不是把 W(小麦)卖给麻布所有者;麻布所有者是将出卖麻布所得的货币去购买上衣;上衣所有者又拿这笔货币去买老酒等等。用图表示就是:

......

W(小麦)—G,G—W(麻布)

$W(麻布)—G, G—W(上衣)$

$W(上衣)—G, G—W(酒)$

……

从图中可以看出,一个人的卖就是前一个人的买,一个人的买就是后一个人的卖,每一个商品循环环节既和前一个商品循环环节又和后一个商品循环环节连在一起。就 $W(麻布)—G$,$G—W(上衣)$这一环节来说,它的第一形态变化 $W(麻布)—G$,麻布的卖,就是前一环节的第二形态变化 $G—W(麻布)$,即小麦出售者对麻布的买;它的第二形态变化 $G—W(上衣)$,就是后一环节的第一形态变化 $W(上衣)—G$。而前一环节的 $W(小麦)—G$,又是更前一环节的 $G—W(小麦)$,后一环节的 $G—W(酒)$又是更后一环节的 $W(酒)—G$。马克思说:"组成一个商品的循环的两个形态变化,同时是其他两个商品的相反的局部形态变化。同一个商品(麻布)开始它自己的形态变化的序列,又结束另一个商品(小麦)的总形态变化。商品在它的第一个转化中,即出卖时,一身兼有这两种作用。而当它作为金蛹结束自己的生涯的时候,它同时又结束第三个商品的第一形态变化。可见,每个商品的形态变化系列所形成的循环,同其他商品的循环不可分割地交错在一起。这全部过程就表现为商品流通。"(第131页)在这个过程中,货币媒介了这种交错,才使商品交换表现为商品流通。

以上还是比较简单地抽象地来叙述商品流通,实际的情况比这复杂得多。个个商品循环这样交错在一起,从 $G—W$ 角度来看,这种互为媒介的交错更为复杂。因为商品生产者只提供单方面的产品(例如麻布),他常常是大批地卖;而他的多方面需要(不仅需要上衣,而且需要其他商品),使他把卖布得到的货币,分散用于许多次的买上。卖一次就要买许多次各种各样的商品。这样,他的商品的第二形态变化(买)就导出其他许多商品的第一形态变化(卖)。这样,商品流通就显得更加错综复杂了。

从以上图表中还可以看出,如果一个人卖不掉他的商品,他就没有钱买,后面一系列人也就随之不能卖,不能买。可见,个个商品的循环又是互为条件的。

在上述运动中,商品不断地涌入流通又不断地退出流通,货币则为此以相应的量留在流通中奔来奔去。在一定时间内,**作为流通手段的货币量 = 待实现的商品价格总额 ÷ 货币的平均流通次数**。这就是货币流通的量的规律,它在信用制度下还会展开为复杂的形式。就纸币来讲,如果纸币的发行超过了这个量,就是通货膨胀,物价就会随之上涨。

在商品流通中,货币除执行价值尺度和流通手段两种基本职能外,还适应流通的一些特殊情况,执行其他的特殊职能。当着商品出售者卖而暂时不买,货币就暂时作为货币贮藏。当着商品购买者先赊买,后将自己商品出售所得货币还债时,货币就执行支付手段职能。当着商品流通扩展到国际贸易范围,货币又执行世界货币职能。

货币拜物教(拜金主义) 在商品流通中,一切财富都转化为货币($W—G$),货币也就成为能购买一切($G—W$)的社会权力。作为这种社会权力的货币本身是商品,又可作为私人占有转化为私人权力。人们就追求这种社会权力。于是商品拜物教演化为货币拜物教。货币被神化了。马克思早在1844年经济学哲学手稿中就指出,货币"是有形的神明,它使一切人的和自然的特性变成它的对立物"。他还认为莎士比亚对货币拜物教这种颠倒描绘得十分出色。《资本论》第三章第㉑注重新摘引了莎士比亚《雅典的泰门》出色的话。剧中泰门原是雅典富豪,破产后隐退山林,某日在山中发现一个藏金窖,有感讲了如下一段话。

"金子！黄黄的,发光的,宝贵的金子！

只这一点点儿,就可以使黑的变成白的,丑的变成美的,错的变成对的,卑贱变成尊贵,老人变成少年,懦夫变成勇士。

吓！你们这些天使神们啊,为什么要给我这东西呢？

嘿,这东西会把你们祭司和仆人从你们的身边拉走；

把健汉头颅底下的枕垫抽去；

这黄色的奴隶可以使异教联盟,同宗分裂；

它可以使受咒诅的人得福,使害着灰白色的癞病的人为众人所敬爱；

它可以使窃贼得到高爵显位,和元老们分庭抗礼；

它可以使鸡皮黄脸的寡妇重做新娘……

来,该死的土块,你这人尽可夫的娼妇……"

拜物教还会发展为资本拜物教和土地拜物教,这将在第3卷第二十四章和第四十八章叙述。

三、价值规律的展开

我们分析商品生产和商品流通,目的在于揭示作为商品运动的基本规律的价值规律。

对价值规律的理解,首先要从它的基本规定性出发,从抽象到具体的展开；然后再分析它和其他经济规律同时起作用相互交错在一起的表现,才能既深入又全面地掌握它。从一般商品生产流通来说,价值规律的规定性可以分为三个层次(见图 1.2)：首先是直接生产过程中价值形成的规律,然后是它在交换过程的展开,再次是它在流通过程的进一步展开。它还要在分配过程变形为再生产价格规律,最后在市场价格中实现。所以它实际上有五个层次。后两个层次(见图 1.3)将在第3卷展开。

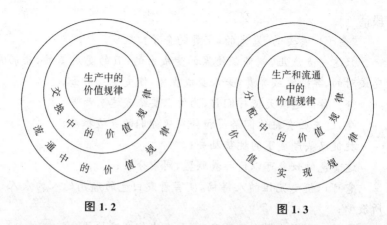

图1.2　　　　　　　图1.3

| 生产中的价值规律 | 价值在生产过程中的规律，就是在生产使用价值的前提下，价值如何生产出来的规律——即价值如何形成或价值由什么决定的规律。价值规律的基本规定就是：**生产使用价值的社会必要劳动时间，决定该使用价值的价值量**。对此，前面已经作了详细的叙述。 |

| 生产中的价值规律是生产力规律的形式 | 生产中的价值规律是用价值表现的社会生产力规律，即生产力的水平会反比例地表现为单位产品所包含的社会必要劳动量，这个社会必要劳动量凝结（形成）为价值。也就是说，商品的价值 |

量与体现在商品中的劳动量（物化劳动和活劳动的总量）成正比，商品中的劳动量又和生产该商品的劳动生产力成反比，从而**一个商品的价值量（旧价值和新价值的总量）与劳动生产力成反比**。根据这一规律可以知道，只要节约物化劳动和活劳动，使商品生产的单耗下降，就等于提高了劳动生产力。这在前面也有了叙述。

价值规律的要点正在于它灵敏地反映着生产力的变化，并反作用于生产力。

交换中的价值规律　　商品交换就它的物质内容来讲是使用价值的交换,就它的社会形式来讲是价值的变形运动——例如麻布与上衣交换以后,原来麻布生产者所创造的价值并未转让给上衣所有者,只是转变了形式,现在存在于他所换进来的上衣之中,这个一定量的价值仍然归他所有。商品生产者对他所生产的价值的所有权决定了商品生产者彼此不能侵占对方的劳动,决定了交换双方的商品所包含的社会必要劳动时间必须相等,或其凝结的价值量必须相等,即**等价交换**。在市场中,"他们彼此只是作为商品所有者发生关系,用等价物交换等价物。"(第199页),"交换规律只要求彼此出让的商品的交换价值相等"(第641页)。

流通中的价值规律　　交换过程因货币的介入展开为流通过程。在这个过程中价值表现在货币身上,也就是采取价格形式。

在流通过程中,等价交换的规律展开为价格与价值相符的规律,因为只有两者相符才会等价交换。但在每个个别场合,一般说来是不相符的,而是偏离价值的;价格与价值相符的规律只表现为价格以价值为中心(也是重心)的运动;而这实际是平均价格与价值相符的规律(因为平均价格也是市场价格波动的中心)。

"在商品交换中,等价物的交换只存在于平均数中,并不是存在于每个个别场合"①。"不同生产部门的商品按照它们的价值来出售这个假定,当然只是意味着:它们的价值是它们的价格围绕着运动的重心,而且价格的不断涨落也是围绕这个重心来拉平的"②。"市场价格的不断波动,即它的涨落,会互相补偿,彼此抵消,并且还原为平均价格,而平均价格是市场价格的内在规则"(第189页注㊲)。

---

① 《马克思恩格斯全集》第19卷,第21页。
② 《资本论》第3卷、《马克思恩格斯全集》第25卷,第199页。

流通中的价值规律为按比例规律开辟道路

价值规律从价值形成角度来看,它在生产过程规定为单个商品的价值量由该部门实际投下的劳动量的平均数来决定,即由社会平均劳动时间(第一种含义的社会必要劳动时间)来决定。

但按比例规律规定该生产部门在社会分工中只应投下的总劳动量(第二种含义的社会必要劳动时间),和该部门生产商品总量实际投下的劳动量(第一种含义的社会必要劳动时间的总和)往往是不一致的。由于**按比例规律规定的劳动量决定了有支付能力的社会需求**,因而,价值规律从价值实现的角度来看,它在流通过程中又规定为商品总量的**价值量只能按第二种含义的社会必要劳动时间来实现**。这样,在价值规律调节下,生产也就被迫按社会需要的比例来进行。也就是说,"商品的价值规律决定社会在它所支配的全部劳动时间中能用多少时间去生产每一种特殊商品"(第394页)。

因此,如果把价值形成的规律和价值实现的规律综合在一起,价值规律又有了进一步的规定,即马克思说的,"价值不是由某个生产者个人生产一定量商品或某个商品所必要的劳动时间决定,而是由社会必要的劳动时间,由当时社会平均生产条件下生产市场上这种商品的社会必需总量所必要的劳动时间决定"①。

可见,按比例规律通过价值规律来为自己开辟道路,价值规律因按比例规律又丰富了自己的内容。

不过,价值最终仍然由第一种含义的劳动来决定。第二种含义的劳动只决定商品的需求量,它迫使第一种含义的劳动的总量所决定的供给量与之相适应。而在供给量变动时,因价格的影响,又使优、中、劣条件的生产比重发生变化,从而第一种含义的劳动发生变化,于是才形成新的价值。

第二章 剩余价值的生产过程

商品和货币,"它们是资本主义生产方式的历史前提。可是另一方面,只有在资本主义生产的基础上,商品才变为产品的一般形式,所有产品才必须采取商品的形式"①。这就是说,资本主义的生产过程是资本主义的商品生产过程。

前面说过,商品生产过程就是劳动二重性创造商品二重性的过程,即一方面是具体劳动生产使用价值的过程(劳动过程),另一方面是抽象劳动创造价值的过程(价值形成过程),因而前面讲过的商品、价值的规律仍然在这里发生作用。

现在,这个过程又具有资本主义生产关系的性质,这个性质体现在价值的形成过程中,它使这一过程成为资本占有剩余价值(m)的生产过程,进而成为价值增殖过程。在资本主义的商品生产过程中,剩余价值的生产进而到价值增殖是生产的直接目的和决定动机;另一方面,在劳动过程中发展生产力则是达到这个目的的手段。这样的目的和手段之间的关系就是资本主义的主要经济规律,即剩余价值规律,进一步来讲叫做资本价值增殖规律。因为资本的价值增殖不仅包含剩余价值生产,而且包含剩余价值转化为资本(即资本自身的生产)。

---

① 马克思:《直接生产过程的结果》,第6页。

资本本质上是生产资本的,但只有生产剩余价值,它才生产资本。因此,现在先在这一部分中,即先在生产过程中,叙述资本(它的人格化便是资本家)如何以提高劳动生产力作为手段,达到生产剩余价值的目的。然后在下一部分中,即在再生产过程中,再叙述资本仍然以提高劳动生产力为手段,达到资本积累(剩余价值转化为资本)的目的。

当然,这里讲的发展生产力,仅仅是增殖资本价值的物质手段,而不是剩余价值占有的原因。剩余价值占有的原因来自生产关系。

社会主义的生产过程也是商品生产过程。这个过程作为劳动过程也是劳动生产力发挥作用的过程;这个过程作为价值增殖过程,已经不是资本的价值增殖过程,而是公有性质的资金价值增殖过程。因此,只要扬弃资本的性质,这里所叙述的生产力发展的原理以及价值增殖的原理,对社会主义企业也是适用的,并且是非常重要的。

按照《资本论》第 1 卷第二篇到第六篇的顺序,剩余价值的生产过程包含着以下一些内容:这个过程的前提(第四章);过程本身的二重性(第五、六章);过程中的重要指标 m'(剩余价值率)(第七章);由 m' 导出的绝对剩余价值生产(第八章),绝对剩余价值生产向相对剩余价值生产过渡(第九章);相对剩余价值生产(第四篇);综合绝对剩余价值生产和相对剩余价值生产(第五篇);作为剩余价值生产的补充手段的工资形式(第六篇)。

一、导 论

资本主义生产过程的前提条件 作为生产过程的劳动过程的本身条件来说,主体条件是劳动力,客体条件是生产资料。但是,作为资本主义生产过程的前提条件则是劳动力和生产资料相分离。也就是说,资本主义生产过程的基础是生产资料的资本主义所有制;这种所有制的建立是通过资本的原始积累(第二十四章),剥夺了劳动者的生产资料,使劳动者除劳动力外一无所有,他只好出卖劳动力,劳动力成为商品,劳动者成为雇佣工人。于是,简单商品流通的运动形式 W—G—W,即商品—货币—商品(先卖后买,为买而卖),转化为资本流通的运动形式 G—W—G′,转化为 G—W(A)—G′,即货币—商品(劳动力)—更多的货币(先买后卖,为卖得贵些而买)。在资本的流通公式中,起点的 G 是预付的货币资本;终点的 G′ 是增殖了的货币资本,$G' = G + \Delta G$ 即等于原来预付的货币额 G 加上一个剩余价值额 ΔG[①]。

在这里,劳动力的买卖是等价交换的,货币所有者按照劳动力的价值购买劳动力这一商品。劳动力价值则由劳动力的再生产费用和发展费用所决定,并且可以归结为一定量的必要生活资料的价值。但是,等价交换怎能带来剩余价值呢?这个多出来的货币不是在流通过程中而是在生产过程中产生的,对资本来说,劳动力的购买 G—W(A) 只是占有剩余价值的前提。

劳动力是一种特殊的商品,它的特殊不在价值方面,而在使用价值方面。劳动力的使用价值就是劳动。劳动在生产过程所创造的价值,不仅可以补偿劳动力价值,而且会带来剩余价值。正因为如此,剩余价值的生产并不违背等价交换规律。在购买劳动力时 G—A,G 与 A 的价值等价;在 A—G′ 中 A 的使用价值(劳动)在生产中创造了更多价值,因而实现为 G′。如图 2.1 所示。

当然,A 的使用价值(劳动)并不在 A—G′ 中发挥作用,而是生产过程中发挥作用,才使 A 可以转化为 G′。

[①] 数学上借用希腊字母 Δ(读音为 delta)表示增加的量。ΔG 表示预付货币资本 G 的增量。

图 2.1

现在,待分析的是被购买的劳动力在进入生产过程以后如何生产剩余价值的问题。"这个属于流通的交易,即劳动力的卖和买,不仅引出生产过程,而且也决定生产过程的独特的性质"①。

<u>生产过程的二重性</u> 劳动力的购买 $G-W(A)$ 只是剩余价值生产的前提条件。剩余价值不是在流通中而是在生产过程中产生的,因而在 $G-W-G'$ 中间还有一个生产过程。所以,产业资本运动的公式应该是:

$$G-W\genfrac{}{}{0pt}{}{Pm}{A}\cdots P\cdots W'-G'$$

即　货币资本 — 商品(生产资料、劳动力)… 生产资本 … 商品资本 — 货币资本

式中实线表示流通过程,虚线表示生产过程。就是说,资本家首先用货币到市场上购买生产资料和劳动力两种商品;然后带到直接生产过程,便转化为生产资本;生产的结果是商品资本,商品资本包含着生产中占有的剩余价值。最后,商品资本卖掉转化为货币资本。前章论述的是简单商品 W,现在展开为包含剩余价值 m 的商品 W'。

在第 1 卷,先侧重叙述这个运动的本质阶段——直接生产过程,即其中的 $W\genfrac{}{}{0pt}{}{Pm}{A}\cdots P\cdots W'$ 过程。这个过程实际上具有二重性。

任何社会生产过程都具有二重性。它既是生产要素(劳动力和生产资料)互相结合生产使用价值(产品)的劳动过程,又是生产要素的社会关系(劳动者和生产资料所有者)互相结合的过程。这二重性的相互关系是生产过程的物质内容和社会形式的关系,是生

---

① 《资本论》第 2 卷,《马克思恩格斯全集》第 24 卷,第 427 页。

产力和生产关系的关系,是手段和目的关系。资本主义生产是商品生产,因商品具有二重性,资本主义生产过程也就具有特殊的二重性:当然它首先也是生产使用价值的劳动过程;特点在于它使价值形成过程展开为剩余价值的生产过程,展开为价值增殖过程。在这里,"劳动过程只是价值增殖过程的手段,价值增殖过程本身从本质上来看是剩余价值的生产,即无偿劳动的物化过程。生产过程的整个性质就是由它特别规定的"①。这个过程也就是劳动二重性生产 W' 二重性的过程:

$$
\text{劳动}\begin{cases}\text{具体劳动} & \text{劳动过程(生产力)(内容)(手段)} \longrightarrow \text{使用价值} \\ \text{抽象劳动} & \text{价值增殖过程(生产关系)(形式)(目的)} \longrightarrow \text{价值}\end{cases} W'
$$

剩余价值学说是马克思经济理论的基石。现在就从叙述生产二重性开始。

劳动过程是生产力发挥作用的过程,是人和自然之间的物质变换过程,是具体劳动创造使用价值的过程。对资本来说,这个过程不过是增殖自己的手段。

劳动过程的三要素就是发挥作用的生产力三要素(劳动力、劳动对象和劳动资料)。

1. 具体劳动

发挥作用的劳动力就是劳动力的使用,劳动力的使用或劳动力的使用价值就是劳动。劳动具有二重性,作为劳动过程的要素的劳动是具体劳动。

具体劳动是人和自然的关系,是人通过自己的有目的的活动来引起、调整和控制人和自然之间的物质变换的过程。

2. 劳动对象

---

① 马克思:《直接生产过程的结果》,第54页。

劳动对象是劳动加工于其上的客体。它包括：自然界原来就有的，如土地、水中的鱼、原始森林的树木、地下矿石等等；将自然界原有的劳动对象进行加工后的对象（原料）；将原料进一步加工的对象（材料）。一般说来，原料或材料又有主次之分，主要原料或主要材料构成产品的实体，辅助材料（燃料、接触剂等）则辅助产品的形成。

3. 劳动资料

劳动资料是劳动者控制和改造劳动对象的资料（物或物的综合体）。因此，劳动资料也可以说是人的器官的延长。它主要是指把人的劳动传导到劳动对象的物体，即主要是指劳动工具或生产工具。除此而外，它还包括为劳动者提供活动场所的土地，以及在土地上建立起的厂房、运河、道路等等。生产工具是劳动者智力的物化，它不仅标志着人类劳动的发展程度，而且标志着人类社会的发展程度。

上述劳动过程三个简单要素相互结合，人的活动借助劳动资料使劳动对象发生预定的变化，其结果，劳动物化了，对象被加工了，作为使用价值的劳动产品生产出来了。

如果从这个结果（产品）回头看三个要素，那末，劳动资料和劳动对象就表现为生产资料，劳动本身则表现为生产劳动。

价值增殖过程是生产关系发挥作用的过程，是人和人之间的关系的过程，是抽象劳动创造价值并增殖价值的过程。这个过程体现着资本主义生产的目的和动机。

生产过程的二重性不仅是手段和目的的关系，而且首先是内容和形式的关系。相应于生产力和生产关系的关系是生产的内容和形式的关系，劳动过程是生产过程的物质内容，价值形成过程从而价值增殖过程是生产过程的社会形式。那末，劳动过程的三要素，或发挥作用的生产力三要素，现在在价值形成过程从而价值增殖过程中又以什么形式存在呢？

价值的形成过程从而价值增殖过程主要与抽象劳动有关。商品中包含的旧价值可以看作是生产生产资料时所耗费的抽象劳动的凝结。但是，这个旧价值部分之所以能够转移到商品之中，则是具体劳动的作用（例如，当木工将木料制成木桌时，木料的价值也就随着转到木桌之中）。生产资料只能转移自身的旧价值而不能创造剩余价值，所以作为生产力客体要素的生产资料 Pm 的资本形式是不变资本 c。商品中包含的新价值是发挥作用的劳动力即劳动（并且这里指的是抽象劳动）所创造的。这个新价值在扣除了补偿劳动力自身的价值之后，其剩余部分便是剩余价值。如果在劳动者一天8小时劳动所凝结的价值中，6小时劳动所凝结的价值足以补偿劳动力价值（即补偿工资），这6小时便叫做必要劳动时间，8小时扣除这6小时以后的剩余部分2小时是剩余劳动时间，剩余劳动所凝结的价值就是剩余价值。作为生产力的主体要素的劳动力，它的使用不仅能再生产自身的价值，而且能创造剩余价值，因此，劳动力 A 的资本形式是可变资本 v。资本家当初在市场上购买劳动力时，正是注意到它的使用能够带来剩余价值。他把购得的劳动力带到生产过程生产剩余价值，然后通过出售剩余产品赚钱发财，他预付的货币也就转化为资本。

这样，同一劳动作为具体劳动转移了生产资料的旧价值 c，作为抽象劳动又创造了新价值 $(v+m)$，一个商品产品的价值量就等于 $(c+v+m)$。

资本主义生产过程二重性具体体现着资本主义生产的基本矛盾，了解二重性之间互相关系，是了解资本主义生产的主要线索。

过程中各因素的对比关系 直接生产过程中的要素，以及其中劳动力提供的劳动、劳动所凝结的价值，形成以下重要的对比关系（见表2.1）。

表 2.1　直接生产过程中多因素的对比关系

直接生产过程	要　素	劳动与价值	对　比　关　系	
劳动过程	P_m　A	$a + a'$	a'/a	剩余劳动率
			P_m/A	技术构成
价值增殖过程	c　v	$v + m$	c/v	价值构成
			m/v	剩余价值率

表 2.1 中劳动过程中各项指标标志着生产的物质内容,因而在任何社会都存在。价值增殖过程的各项指标则是劳动过程各项指标的商品价值形式,只存在于商品生产社会。这些指标表现为资本价值时就具有剥削性质。

1. 技术构成与价值构成

前面讲过,作为生产过程的物质内容的劳动过程,它的物质因素是发挥作用的生产力的要素,即生产资料 P_m 和劳动力 A。这两个要素的对比关系(P_m/A)就是生产力的技术构成。这个构成标志着生产力的发展水平。"如果撇开土壤肥料等等自然条件……那末,社会劳动生产率的水平就表现为一个工人在一定时间内,以同样的劳动力强度使之转化为产品的生产资料的相对量。"(第682页)在这里,劳动资料的增长是劳动生产力增长的条件,劳动对象的增长是劳动生产力增长的结果。"但是,不管是条件还是结果,只要生产资料的量比并入生产资料的劳动力相对增长,这就表示劳动生产率的增长。"(第683页)

另一方面,作为生产过程的资本形式的价值增殖过程,它的因素则是劳动过程两个要素的资本形式,即不变资本 c 和可变资本 v。这两个因素的对比关系(c/v)是生产力技术构成的资本价值表现形式,即资本有机构成。资本有机构成不过是生产力技术构成在资本价值形式上的近似表现,因而也是生产力发展水平的近似标志。

2. 剩余劳动率与剩余价值率

再就劳动过程的两段时间构成和价值增殖过程的相应的价值表现来说,前面讲过,劳动者在劳动过程的一段时间内,只是再生产相当于他必需的生活资料所需要的时间。这段时间内耗费的劳动叫做必要劳动 a。"这种劳动对工人来说所以必要,是因为它不以他的劳动的社会形式为转移。这种劳动对资本和资本世界来说所以必要,是因为工人的经常存在是它们的基础"(第243页)。劳动过程的第二段时间,工人超出(注意是"超出"而不是"侵占")必要劳动的界限做工的时间,这段时间耗费的劳动叫做剩余劳动 a'。

劳动过程中这两段时间因素必要劳动和剩余劳动(a 和 a'),它们的对比关系就是剩余劳动率,即

$$剩余劳动率 = 剩余劳动 \div 必要劳动 = a'/a$$

如果说,生产力的技术构成 P_m/A 标志着劳动生产力本身的水平,那末,剩余劳动率则标志着劳动生产力发展的效率。首先,劳动生产力必须有一定的高度,使劳动者在一天劳动时间中,不致全部用来生产维持他自己和他的家庭所必需的生活资料,才会在必要劳动时间之外还有剩余劳动时间。"没有一定程度的劳动生产率,工人就没有这种可供支配的时间,而没有这种剩余时间,就不可能有剩余劳动"(第559页)。第二,劳动生产力进一步提高的结果,会使劳动者在一天劳动时间中只需较少时间就能再生产自己的必要生活资料,这样,随着必要劳动的减少,剩余劳动就会增加,剩余劳动率也就因此提高了。

既然剩余劳动率标志着劳动生产力发展的效率,所以,它是衡量经济效益的重要指标。

另一方面,从价值增殖过程来看,必要劳动凝结的价值(相当于劳动者必需的生活资料的价值)等于可变资本价值 v,剩余劳动凝结的价值是可变资本的增殖额 Δv 即剩余价值 m。剩余价值对

可变资本的比率实际上是可变资本的增殖率,即

剩余价值率 $m' = m/v = \Delta v/v =$ 可变资本的增殖率

可变资本的增殖率从而 m' 又不过是剩余劳动率的价值表现,即 $m' = m/v = a'/a$（剩余劳动率）。

因此,和剩余劳动率一样,剩余价值率 m' 也标志着劳动生产力发展的效率。但是,在资本主义生产关系下,剩余劳动以剩余价值的形式被资本所占有,劳动的生产力被表现为资本的生产力。于是,一方面对资本来说,剩余价值率不表现劳动生产力发展的效率,而表现为资本生产力发展的效率;另一方面对雇佣劳动来说,剩余价值率则是衡量劳动力被剥削程度。

剩余劳动率还可以用产品来表示,即表现为剩余产品对必要产品的比率。

在社会主义乃至共产主义社会,剩余劳动也必须存在,因为"劳动产品超出维持劳动的费用而形成的剩余,以及社会生产基金和后备基金从这种剩余中的形成和积累,过去和现在都是一切社会的、政治的和智力的继续发展的基础"[1]。同样,剩余劳动率也必须存在,因为在高级的社会形态里,剩余劳动不仅存在而且要和劳动日的缩短结合在一起,劳动者才有可能获得全面的发展,这就要求提高劳动生产力以提高剩余劳动率[2]。又由于社会主义社会仍然存在着商品因而仍然存在着价值,作为剩余劳动率的价值表现的比率也会客观地存在,只不过不再具有对抗的性质。

二、剩余价值的生产过程

"资本的本质是生产资本的,但只有生产剩余价值,它才生产

---

[1] 恩格斯:《反杜林论》,第191页。
[2] 参见《资本论》第3卷,《马克思恩格斯全集》第25卷,第926—927页。

资本。"所以在论述资本的生产过程时,首先要叙述剩余价值的生产过程(第八到二十章),然后再叙述资本自身的生产过程(即剩余价值转化为资本或资本积累的过程)(第二十到二十五章)。

按照由分析到综合的方法,第三篇分析绝对剩余价值生产,第四篇分析相对剩余价值生产,第五篇再对两种剩余价值生产中有关问题作补充说明,第六篇指出工资还是剩余价值生产的补充手段。

叙述剩余价值生产时,书中先假定劳动生产率不变,然后再假定它可变。与前者相应,剩余价值率只有通过绝对延长劳动日才能提高,这样生产的剩余价值叫做绝对剩余价值。与后者相应,剩余价值率可以通过劳动日中必要劳动的减少而相对提高,这样生产的剩余价值叫做相对剩余价值。简单地说,前一种办法是靠绝对延长劳动日以增加剩余劳动来生产剩余价值,后一种办法是靠相对于必要劳动的减少以增加剩余劳动来生产剩余价值。

绝对剩余价值的生产　在劳动生产率不变从而必要劳动时间不变的情况下,要增加剩余劳动就要绝对延长劳动日。于是,剩余劳动随着劳动日长度的变化而变化。劳动日长度就成为绝对剩余价值生产的中心问题。

资本来到世间的时候,劳动者主要还是手工操作,生产力低下,资本就主要用延长劳动日办法,使劳动者从鸟叫做到鬼叫,以生产剩余价值。资本"像狼一般地贪求剩余劳动,不仅突破了工作日的道德界限,而且突破了工作日的纯粹身体的极限"(第294—295页)。从14世纪到19世纪环绕着劳动日长度问题雇佣劳动者一直在和资本进行斗争。后来,一方面由于雇佣劳动者阶级的反抗;另一方面,过度延长劳动日使劳动者体质下降,对资本的剥削也是不利的;19世纪中叶,劳动日才有所缩短。

剩余价值占有量与货币转化为资本

假定一个作坊雇工 n 个,每个劳动力的价值为 $k(k=v)$,每个提供剩余价值 m,则该作坊的剩余价值率为 $m'=m/v$ 或 m/k,剩余价值量为 $M=n\cdot m=n\cdot m/k=n\cdot m'$。再假定这里劳动生产力不变从而 k 不变,M 就随 m' 与 n 而变。而在一定的 m' 下,M 就随 n 而变。n 必须达到一定数额从而使 M 达到一定数额。剩余价值量 M 的最低额是它能使作为雇主的货币所有者摆脱劳动,专门从事占有别人的劳动并进行积累。这就要求货币所有者所掌握的货币最低额足以雇佣这样多的工人,提供这么多的 M 量。在这样情况下,货币所有者就由一个小业主蜕化为资本家,他的货币才现实地转化为资本。

可见,货币转化为产业资本需要三个条件:(1)购买劳动力这一商品,(2)将劳动力带入生产过程生产剩余价值,(3)所占有的剩余价值量足以使货币所有者转化为资本家。

剩余价值量的最低限额决定了资本主义生产不是个体的小生产而是要雇佣相当多的工人在一起的大生产。大批工人在一起劳动就是劳动社会化,就是协作,而协作能提高劳动生产。于是,新兴的资本家不仅用延长劳动日办法进行绝对剩余价值生产,而且用提高劳动生产力办法进行相对剩余价值生产。

相对剩余价值的生产

由缩短必要劳动时间相应延长剩余劳动时间而进行的剩余价值生产叫做相对剩余价值生产。

为了进行相对剩余价值生产,资本主要依靠提高劳动生产力这一手段,同时还辅以其他手段,如使用女工童工,提高劳动强度等等,以缩短必要劳动时间。

相对剩余价值的生产过程,从它的物质内容来讲是生产社会化(劳动的协作即劳动社会化,带来生产过程的社会化以及产品的社会化),从它的社会形式来讲则是资本占有制。社会生产力和资本占有制的矛盾是资本主义社会的基本矛盾。资本以生产社会化从而提高劳动的社会生产力为主要手段,达到资本价值增殖的目的,则是资本主义的主要经济规律。

1. 相对剩余价值由点到面的扩展过程

就单个资本家讲,不管生产什么产品,只要所占有的劳动生产力高于社会平均生产力,按照生产力与单位商品价值量成反比例的规律,他的商品的个别价值就低于社会价值。如果他按社会价值出售,就能取得超额剩余价值(= 社会价值减个别价值)。如果他以低于社会价值高于个别价值的价格出售,就不仅可以取得超额剩余价值(虽然数量少一些),而且在争夺销售市场的竞争中打败对手占领较大市场。

"然而,甚至在这种场合,剩余价值生产的增加也是靠必要劳动时间的缩短和剩余劳动的相应延长"(第353页),所以也是相对剩余价值生产(参见第352—353页)。

同一生产部门内部,单个资本家由于追求超额剩余价值而领先提高劳动生产力。竞争的压力又迫使其他的资本家一个个都要提高劳动生产力来降低自己商品的个别价值。于是,这一个部门的所有资本占有的劳动生产力都提高了。生产力的提高还会扩展到同生产必要生活资料有关的生产部门,使必要生活资料价值下降,从而劳动力价值下降,必要劳动下降,社会剩余劳动率提高,相对剩余价值增加。劳动生产力这样由单个资本的提高到社会全面的提高,那个领先提高劳动生产力的资本家,他以超额剩余价值形式取得的相对剩余价值虽然随之消失,整个资本家阶级占有的相对剩余价值却增加了。可见,在同种商品市场关系中,由于价值规律、价值增殖规律和竞争规律的作用,生产力的提高从而相对剩余价值的生产是由个别扩展到社会的过程。这个由点到面的扩展主要是空间上的扩展。

在资本关系下,提高劳动生产力以节省劳动,目的决不是为了缩短劳动日;它只是为了缩短必要劳动时间,从而相对延长剩余劳动时间。劳动日不仅不会缩短,还会在资本强制下加以延长。所以,资本可以并用相对剩余价值生产和绝对剩余价值生产两种形式。至于劳动者,无论在那种形式下,总是被剥削的材料。

2. 相对剩余价值生产的历史发展过程

现在,再从时间上的继起,历史地叙述资本主义社会生产力的发展,以及资本如何用它作为手段来占有剩余价值。在这一部分指出:"社会劳动生产力的发展怎样以大规模的协作为前提,怎样只有在这个前提下,才能组织劳动的分工和结合,才能使生产资料由于大规模积聚而得到节约,才能产生那些按其物质属性来说只适于共同使用的劳动资料,如机器体系等等,才能使巨大的自然力为生产服务,才能使生产过程变为科学在工艺上的应用。"(第684页)

前面说过,由小业主转化为资本家,剩余价值量必须使资本家脱离生产劳动以全部时间从事占有和实现剩余价值。这个剩余价值的数量界限又是由一定量的雇工人数提供的。因此,资本主义的商品生产过程的劳动过程,一开始就以许多的雇佣工人在一起劳动为特点。许多劳动者在同一劳动过程中,或在不同的但互相联系的劳动过程中,有计划地一起协同劳动,这种劳动形式就叫做协作。协作就是劳动社会化。

在自由资本主义时期,社会生产力的发展经历了三个阶段,它通过劳动社会化的程度体现出来,即由简单协作,到分工协作,到以使用机器为条件的协作。与此相应的资本主义企业形式也随之发生变化,即由手工作坊,到手工工场,到使用机器生产的大工厂。这也就是相对剩余价值生产由简单到复杂的历史发展过程。现在按序叙述如下。

(1) 简单协作。相对于封建社会末期的个体经济来讲,资本主义生产一开始就是较大规模的生产,它的特点首先是雇佣工人较多并且进行协作。"较多的工人在同一时间、同一空间(或者说同一劳动场所),为了生产同种商品,在同一资本家的指挥下工作,这在

历史上逻辑上都是资本主义生产的起点。"(第358页)

从劳动过程讲，协作即劳动社会化，它展开了单个劳动者不能展开的集体生产力，因而创造了这种生产力(见第359—366页)。从价值增殖过程来讲，由于资本家在购买劳动力(假定购买100个)的时候，"他支付的是100个独立的劳动力价值，而不是100个结合的劳动力"。(第370页)劳动力一进入生产过程便并入资本，劳动的协作的生产力便表现为资本的生产力，它不费资本分文，使资本占有剩余产品，从而占有相对剩余价值。

对协作的管理也要二重地分析。从劳动过程讲，协作总要有指挥，就像乐队要有指挥一样。从价值增殖过程来讲，一旦从属于资本的劳动成为协作劳动，这种管理、监督和调节的职能就成为资本的职能，并且取得特殊的性质——剥削和压迫工人的性质。

(2) 分工协作和工场手工业。从劳动过程讲，以分工为基础的协作是简单协作的展开，因而它的许多优越性都是由简单协作的优越性产生的。它带来的新的优越性在于生产进一步社会化；并且生产力的两个要素也发生了变化——劳动的专业化使劳动者只从事局部劳动，他的片面性手艺迅速熟练和提高；工具的专门化则不仅提高劳动的效率，而且为手工工具过渡到机器准备了技术条件。运用专门工具的局部的、专业化的劳动者在分工总机构中的按比例地分组和结合，创立了社会劳动的一定组织，使生产进一步社会化，这样就同时发展了新的、社会劳动的生产力。另一方面，从价值增殖过程讲，工场内部的分工又不过是生产剩余价值的一种特殊方法，它不仅只是为资本家发展劳动的社会生产力，而且靠使各个局部工人畸形化(压抑工人的全面发展，培植工人的片面技巧)来发展劳动的社会生产力。

在工场内部，资本家占有生产资料从而对劳动分工有支配权，使生产按比例地有组织地进行；在工场外部，社会分工则相反，每一个商品生产者都是生产资料私有者，他们爱怎样生产就怎样生产,使社会生产成为无政府状态。当然社会生产也要求按比例地进行,一方面,从使用价值讲,每个商品生产者都应该生产一定量的特殊商品来满足社会的需要;另一方面,按比例规律又通过价值规律调节着社会把它所支配的全部劳动时间按比例地投到各个生产部门,去生产各种特殊商品。

工场内部的分工以资本家对工人的绝对权威为前提;社会分工则以商品生产者之间相互平等相互对立为前提,他们不承认任何别的权威,只承认竞争的权威,只承认他们互相利益的压力加在他们身上的强制。因此,按比例规律、价值规律还会作为竞争的强制规律来为自己开辟道路。

在社会主义社会,由于公有制取代了私有制,克服了社会生产的无政府状态,这样不仅企业内部分工而且整个社会分工也就具有计划性和组织性。计划调节和市场机制的作用,使国民经济按比例地发展。

在社会主义社会,企业内部分工所产生的分工协作,还会在公有制的形式下,转化为更大规模的企业之间的专业化协作,创造更高的社会劳动生产力。

(3) 以使用机器为条件的协作。以使用机器为条件的资本主义协作是资本主义生产的典型形式。

机器的使用使劳动过程的两个因素(生产资料和劳动力)进一步发生变化。资本主义生产方式的变革,在工场手工业中是从劳动力开始(分工使劳动者成为局部工人),在大工业中则是从生产资料开始(手工工具转化为机器)。机器的发展又以机器制造业为其技术基础。

机器使技术条件彻底改变,它以自然力代替人力,以自然科学代替手工经验的成规。机器的使用突破手工劳动的局限性,使劳动生产力大幅度提高。机器的使用还会进一步改变社会劳动组织以适应新的技术条件。"因此,劳动过程的协作性质,现在成了由劳动资料本身的性质所决定的技术上的必要了"(第423页)。

机器把巨大的自然力和自然科学所发现的力并入生产过程，必然大大提高劳动生产力，这一点是一看就知道的。但是，如果机器使用率很低，机器的潜在的生产能力不能发挥出来，其结果反而使劳动生产力降低，却不是一目了然的。关于这一点，前面在论述生产力和商品价值关系中已经讲过了。

从价值增殖过程来看，"像其他一切发展劳动生产力的方法一样，机器是要使商品便宜，是要缩短工人为自己花费的工作日部分，以便延长他无偿地给予资本家的工作日部分。机器是生产剩余价值的手段。"(第408页)机器的资本主义使用，不仅用提高劳动生产力作为手段来生产剩余价值，而且还会迫使劳动者增加劳动强度和延长劳动日，并使工人一家男女老少都成为它的剥削对象，以增加剩余价值的生产。

机器大工业既征服手工业，又征服农业。

机器如何消灭以手工为基础的简单协作，可以用收割机代替手工收割者的简单协作为例；机器如何消灭以手工业分工为基础的协作，可以用制针机取代工场手工业分工协作为例。

大工业在农业方面消灭了旧的生产关系，代之以资本和雇佣工人的关系，并使农业生产也社会化了。社会化大农业消除了陈旧的、不合理的经营，代之以科学在工艺上的应用。它一方面使农村人口过剩，另一方面又使人口向城市集中，从而破坏人和土地之间的物质变换。在大工业初创时期，机器的使用不仅使劳动者倍受折磨，而且污染环境，过度耗费地力。这样提高的一个部门的生产力是和破坏社会生产力两个源泉（土地和劳动力）结合在一起的。

但是，大工业也孕育着新社会的各种因素，如教育与生产劳动相结合、因妇女参加生产劳动而改变的家庭关系、工业和农业的新的结合、新社会的物质基础逐步形成、变革旧社会的革命力量的成长等等。

三、有关剩余价值生产的若干问题

生产劳动的涵义　按照从简单到复杂、从内容到形式的叙述方法,生产劳动的涵义是逐步展开的。首先撇开资本形式,从简单的劳动过程来看,劳动者直接用于生产某种使用价值(产品)的劳动就是生产劳动(第205页)。再从协作的劳动过程来看,协作劳动者不仅直接而且间接用于生产产品的劳动也是生产劳动(第556页)。最后,从高效率的劳动过程来看,也就是从生产力发展的要求来看,只有提供剩余劳动的劳动才是生产劳动(这是笔者的体会)。另一方面,从资本的价值增殖过程来看,剩余劳动表现为剩余价值,"生产劳动是给使用劳动的人生产剩余价值的劳动。"[①](见图2.2)由此又出现一种假象,似乎不仅为资本生产剩余价值的劳动,而且一切能为资本带来剩余价值的劳动,都是生产劳动。例如,对剧院、学校、医院等等的老板来说,演员、教师、医生等等劳动似乎也是生产劳动。

两种剩余价值的关系　绝对剩余价值和相对剩余价值既有联系又有区别。从表面上看来,剩余价值的两种形式好像是一回事情。相对剩余价值是绝对的,因为它以劳动日绝对延长到超过必要劳动时间为前提。绝对剩余价值是相对的,因为它以劳动生产率发展到能够把必要劳动时间限制到劳动日的一个部分为前提。但是只要涉及到如何提高剩余价值率的问题,这两种形式的差别就可以感觉到了。假定劳动力按其价值支付,那末,或者是劳动生产力和劳动强度不变,剩余价值率就只有通过劳动日的绝对延长才能提高;或者是劳动日长度已定,剩余价值率就只有通过缩短必要劳动而相对地增加剩余劳动来提高。

---

① 《马克思恩格斯全集》第26卷,第426页。

图 2.2

劳动强度也是生产剩余价值的手段

劳动生产率既是劳动生产力的结果，也可以是劳动强度的结果，因而往往是两者综合作用的结果。即

$$\left.\begin{array}{c}劳动生产力\\劳动强度\end{array}\right\} \longrightarrow 劳动生产率$$

劳动强度从而劳动生产率也是生产剩余价值的手段。

"劳动生产力的提高和劳动强度的增加，从一方面来说，起着同样的作用。它们都会增加任何一段时间内所生产的产品总额。因此，它们都能缩短工人生产自己的生活资料或其等价物所必需的劳动日部分。"(第578页)而"缩短必要劳动时间、相应地改变劳动日的两个组成部分的量的比例而生产的剩余价值，叫做相对剩余价值"(第350页)。

但是，它们又有所区别。劳动生产力的提高只有在单个企业或者同生产必要生活资料有关的部门发生作用时，才能缩短必要劳动。劳动强度则不受这些限制，它的增强在任何部门都会使必要劳动减小，使剩余价值增加。

自然力与剩余价值生产　我们早已讲过,劳动力、科学技术力和自然力是生产力的三个源泉,它们和劳动力的结合所形成的、具有不同特点的生产力,以及这些不同特点的生产力与剩余价值生产的关系。并且分别在第十一和十二章叙述了劳动力与劳动力相结合的劳动的社会生产力与剩余价值生产的关系,在第十三章叙述了社会化的劳动力与科学技术力(物化为机器)相结合的劳动的技术生产力与剩余价值生产的关系,现在在第十四章又补充叙述劳动力和自然资源相结合的劳动的自然生产力与剩余价值生产的关系。

"劳动生产率是同自然条件相联系的。这些自然条件都可以归结为人本身的自然(如人种等等)和人的周围的自然。外界自然条件在经济上可以分为两大类:生活资料自然富源,例如土壤的肥力,鱼产丰富的水等等;劳动资料的自然富源,如奔腾的瀑布、可以航行的河流、森林、金属、煤炭等等。"(第562页)

这里所要注意的关系是:自然力只是生产力源泉之一,而不是生产力本身,它只有与劳动力结合起来才成为生产力。良好的自然环境从而一定高度的劳动的自然生产力,使劳动者不必以全部时间从事必要劳动,为劳动者提供剩余劳动创设条件。

劳动力价格和剩余价值的量的变化　剩余价值生产体现着雇佣劳动和资本的生产关系,这关系的量的表现就是劳动力的价格(假定它不小于劳动力价值)和剩余价值量的对立运动。影响这运动的基本上有三个因素,即:劳动日长度或劳动外延量;劳动强度或劳动内含量;劳动生产力。以下假定其中两个不变,只有一个因素变化的条件下所发生的影响。

1. 劳动生产力可变

在劳动强度不变下,一定长度的劳动日总表现为一定量价值 $v+m$。劳动生产力的变化,它的提高或降低,按照相反的方向影响劳动力价格(从而影响 v),按照相同方向影响剩余价值 m。值得注意的是,劳动力价格一般不小于它的价值,否则劳动力难以再生产,剩余价值也就失去源泉。因此,剩余价值的增加或减少,始终是劳动力价值相应地减少或增加的结果,而绝不是这种减少或增加的原因。

2. 劳动强度可变

与上述情况不同。劳动强度的提高,在一定的劳动日内可以创造更多的价值,因而劳动力价格和剩余价值可以同时以相同的或不同的程度增加。但若过度提高劳动强度,以致超过了生理界限,劳动力就遭受破坏,即使劳动力价格有所增加,却补偿不了劳动力加速地损耗。

3. 劳动日可变

劳动日的延长,类似劳动强度的提高。劳动的外延或强化,所造成的劳动力的较大损耗,只能在一定限度内可以由增加的报酬来补偿。超越了生理界限,损耗便以几何级数增加,劳动力价格就远远落到它的价值以下,这种损耗,即使较高的劳动力价格也是补偿不了的。

四、工资与剩余价值生产

工资本来是一个分配问题(见《资本论》第3卷第五十一章),但工资形式又是进一步剥削剩余价值的手段。

工资是一种现象。按照从本质到现象的叙述方法,工资的本质关系已经在前面有所说明了。它的物质内容首先是劳动力再生产所耗的必要劳动a;在商品经济下,这个a又凝结为价值;在劳动力成为商品时,必要劳动a凝结的价值表现为劳动力价值或价格;这劳动力的价值或价格又进一步表现为劳动的价值或价格,即表现为计时工资;计时工资又可表现为计件工资。这个层次可从图2.3中看出。

图 2.3

关于必要劳动,已经在第四、五、七章讲过;关于劳动力价值,它的质的规定已经在第四章讲过,它的量的变化已经在第十五章讲过;现在第六篇则从本质进入现象,专门叙述工资问题。

工资的实质是劳动力的价值或价格,但它把这个实质表现为劳动的价值和价格,表现为对一定量劳动支付的一定量货币。实际上,劳动只创造价值,它本身并无价值。如果说劳动有价值就等于说劳动的价值由劳动决定,例如 1 小时劳动的价值等于 1 小时劳动。这是无谓的同义反复。况且,"劳动的价值"还易于和"劳动所创造的价值"相混淆。

前面讲过,剩余价值来源于劳动力价值和劳动所创造的价值的差额,工资把劳动力价值表现为劳动的价值,这个差额便不见了。在工资的假象下,劳动日分为必要劳动和剩余劳动,分为有酬劳动和无酬劳动的一切痕迹都不见了。全部劳动看起来好像都是有酬劳动,资本对雇佣劳动的剥削关系就被掩盖了。

工资本身又采取各种形式,其中基本形式是计时工资,以及由计时工资转化的计件工资。

计时工资是按照一定的时间单位(小时)来支付的工资,它是日劳动价值的转化形式:小时工资 = 日劳动力价值 ÷ 劳动日长度(小时)。计时工资是延长劳动日进行绝对剩余价值生产的最有效手段。

计件工资是按照产品件数来支付的工资。把计时工资除以同时间内生产的产品件数便是计件工资,即计件工资 = 1 小时工资 ÷ 1 小时产量。因此,计件工资只是计时工资的转化形式。计件工资既是延长劳动日进行绝对剩余价值生产的手段,更是提高劳动强度进行相对剩余价值生产的手段。

五、剩余价值规律与价值规律

资本主义生产的主要规律是资本价值增殖规律。这个规律首先是剩余价值生产的规律。只有生产了剩余价值,才会发生剩余价值转化为资本,才有资本的价值增殖。

剩余价值生产的规律就是以提高生产力为主要手段达到生产剩余价值为目的的规律。合乎这种规律的典型生产方式就是前面讲的相对剩余价值生产。

剩余价值规律不仅不违背价值规律,而且是在价值规律基础上衍生出来的。

首先,剩余价值包含在产成品商品(W')之中,而商品则是按照价值规律运行的。

第二,就直接生产过程来讲,资本增殖之所以以发展生产力为手段,还因为生产力与商品价值量成反比例的规律,是因为生产力的发展会使商品价值量下降,从而会生产和占有相对剩余价值。

第三,资本家在市场上是按照劳动力这特殊商品的价值购买的,完全符合等价交换的原则。他得到的却是这个商品的使用价值

（劳动力的使用就是劳动），劳动在一定高度的生产力水平下，能创造比劳动力价值更多的价值，即能带来剩余价值。

商品经济有其积极方面。既然商品以属于不同所有者为前提，商品所有者的经济关系在市场上就要求自主经营（自由）；彼此不应侵占对方的劳动，应该等价交换并公平竞争（平等）；以及自负盈亏、自我发展（企业的自我约束和进取精神）。但是，当着我们注意到劳动力买卖时，这里讲的"自由！因为商品例如劳动力的买者和卖者，只取决于自己的自由意志。他们是作为自由的、在法律上平等的人缔结契约的……平等！因为他们彼此只是作为商品所有者发生关系，用等价物交换等价物"。一旦劳动者被雇佣于资本，市场上所呈现的自由与平等就消失了，劳动者就只好听命于资本。而竞争与自负盈亏则使经营者"双方都只顾自己，使他们连在一起并发生关系的唯一力量，是他们的利己心，是他们的特殊利益"（第199页）。他们的特殊利益就在于占有劳动者创造的剩余价值。"因此，不论资本主义占有方式好像同最初的商品生产规律如何矛盾，但这种占有方式的产生决不是由于这些规律遭到违反，相反地，是由于这些规律得到应用。"（第640页）

商品经济的意识形态有些可以与社会主义精神文明协调一致，有的则与资本主义精神文明相吻合而产生消极影响。我们一方面要大胆地取其所长，另一方面又应警惕和克服其所短。例如，商品在市场等价交换中所反映的自由、平等、自我约束与进取心，我们不仅不反对，而且要提倡。但是，我们要的是社会主义的自由，不是资本主义的自由化。我们要的是真正的平等，既反对市场内的不平等，反对权力进入市场，让公平交易进行，制止少数以权谋私者借权钱交易而大肆侵吞社会财富；还反对生产过程中的不平等，即企业主或企业领导对职工的不平等行为。我们也认可个人利益，并主张奖励有特殊贡献的集体和个人，但反对个人主义、利己主义。我们还反对某些地方和单位片面追求小团体和部门的局部利益，钻政策空子,损害国家和群众的整体利益;或者只顾眼前和小团体利益,损害整体的、长远的社会利益。总之,资产阶级的自由和平等只局限于这个阶级自身,社会主义则是争取全人类的自由和平等,它将未来社会设想为"自由人的联合体",将平等归结为消灭阶级的不平等。

　　如果撇开资本形式,剩余价值生产的规律也适用于社会主义企业。就是说,公有企业也必须以提高劳动生产力为手段,来生产剩余价值。区别主要在于剩余价值不再为资本所剥削,而为社会所公有。

第三章　资本的积累过程
（资本自身的生产过程）

前面我们首先分析了商品(W)的二重性，然后分析在商品的直接交换（$W—W$）中一种商品的价值表现在另一种商品上，进而表现在货币上面（$W—G$）。货币出现了以后，商品的直接交换便转化为以货币为媒介的商品流通（它由许多相互联系的 $W—G—W$ 构成）。

在劳动力作为商品买卖以后，简单的商品流通又转化为资本流通（$G—W—G'$）。在 $G—W—G'$ 中实际上还有一个直接生产过程 $W\cdots P\cdots W'$，因此，资本的流通是包含生产在内的流通，即

$$G—W <^{Pm}_A \cdots P <^{v}_c \cdots W'—G'$$

但是，资本的运动是无限的，$G—W\cdots P\cdots W'—G'$ 仅仅是这个无限运动的一个片断，实际的运动是

$$G—W\cdots P\cdots W'—G' \cdot G—W\cdots P\cdots W'—G' \cdots$$

"不管生产过程的社会形式怎样，它必须是连续不断的，或者说，必须周而复始地经过同样一些阶段……因此，每一个社会生产过程，从经常的联系和它不断更新来看，同时也就是再生产过程。"
(第621页)

现在考察的是再生产过程的资本主义生产方式。

这是以分配、流通为媒介的资本主义商品的再生产过程。按照由本质到现象的叙述方法,现在先从直接生产过程来叙述这个再生产过程,而把它和流通综合在一起的过程放在第 2 卷去叙述,再把它与流通和分配综合在一起的总过程放在第 3 卷去叙述。

直接生产过程 $W \cdots P \cdots W'$。这个过程就是前面讲的剩余价值的生产过程。这个过程的不断反复就是现在要讲的再生产过程,也就是剩余价值转化为资本的过程,即资本积累的过程,这是第 1 卷第七篇专门论述的问题。

资本的价值增殖过程,不仅包括前面讲的剩余价值的生产过程,而且包括现在讲的剩余价值转化为资本的过程,即资本自身的生产过程。

直接生产过程 $W \cdots P \cdots W'$ 的再生产,意味着包含 m 的商品 W' 的再生产,这首先要有 W(即 $W <^{Pm}_A$)的再生产,然后是 P(即 $P <^c_v$)的再生产,也就是说,首先要有生产的物质条件(生产资料和劳动力)的再生产,然后是这些条件所采取的资本形式(不变资本和可变资本)的再生产。总之,为了分析再生产过程,既要从生产力方面(就它的两个要素 Pm 与 A 的再生产)来叙述,又要从生产关系方面(就两种资本形式 c 与 v 的再生产和剩余价值的关系)来说明。

按照从简单到复杂的叙述方法,先在简单再生产过程中分析再生产的一般原理,这些原理也适用于积累和规模扩大的再生产。

一、简 单 再 生 产

生产过程具有二重性,作为这个过程的反复的再生产过程当然也反复着同样的二重性。

再生产从它的物质**内容**的劳动过程来看,就是生产力的物的要素(即生产的客体条件生产资料)和人的要素(即生产的主体条件劳动力)的再生产。任何一个社会,为了不断进行再生产,就要不断地以它的年总产品的一部分作为生活资料以保证劳动力的再生产,另一部分作为生产资料以替换一年耗费的生产资料。如果不具有 Pm 和 A 这两个条件,劳动过程便会中断。可见,生产的条件也就是再生产的条件。

再生产从它的资本**形式**的价值增殖过程来看,就是生产力的物的要素和人的要素(Pm 和 A)的资本形式(c 和 v)的再生产,即不变资本价值和可变资本价值的再生产。在这个过程中,工人还周期地生产剩余价值,并由于资本的占有制,被当作资本价值的周期的增加额,当作资本周期生产的果实,从而,来源于劳动的剩余价值,被表现为来源于资本的收入的形式。

如果被表现为资本收入的剩余价值被资本家全部消费,在其他情况不变下,就是资本主义的简单再生产。这种简单再生产虽然只是生产过程按同一规模反复,但这样的不断反复,也会使资本家在原始积累中所形成的**原预付资本变为剩余价值转化而来的资本**。首先,就可变资本来说,从孤立的一次生产过程来看,工资好像是资本家预付的;如果从再生产过程来看,资本家这个月购买劳动力所付的工资,不过是被他占有的上个月工人所生产的剩余价值的一部分。其次,就全部预付资本来看,作为资本家的"老本"(他的原始的资本),本来是由暴力剥夺小生产者进行原始积累的结果,现在经过若干次再生产,他的老本已经吃光了,预付资本也蜕化为资本化的剩余价值了。例如,某资本家有老本 1 000 万元,每年带来剩余价值 200 万元,他每年也消费 200 万元,经过 5 年他消费了 1 000 万元,也就是吃光了老本。他还保有那么多的资本,只是由于他占有了那么多的剩余价值的结果。这就是说,从再生产过程可以发现,工人不仅创造了剩余价值,而且由此创造了全部资本价值。

价值的本质是生产关系,因此资本价值的再生产,从本质上讲,就是资本主义生产关系的再生产,就是资本和雇佣劳动的关系的再生产。也就是说,再生产从它的资本形式的人格化来看,还是资本家和雇佣劳动者的生产关系的再生产。一方面,作为生产过程的结果的产品为资本家所占有,资本家就仍然会作为生产资料和生活资料的所有者不断地再生产出来。另一方面,工人在走出生产过程时仍然是除了劳动力以外一无所有的人,他只好再出卖劳动力,作为雇佣工人不断地再生产出来。雇佣工人对资本的隶属关系,是由他的卖身行为的周期更新、雇主的更换和劳动的市场价格变动媒介成的,同时又被这些事情所掩盖。"罗马的奴隶是由锁链,雇佣工人则由看不见的线系在自己的所有者手里。"(第629页)

二、剩余价值转化为资本与扩大再生产

积累和扩大再生产 上面看到,即使是原始资本(资本家的老本),经过生产过程的反复,也会转化为资本化的剩余价值。现在再来分析新追加的资本部分,它一开始就是由剩余价值转化而来的。剩余价值转化为资本就是资本积累,这个过程就是资本主义的扩大再生产过程。

剩余价值现在不是像前面讲的采取收入的形式被消费,而是采取追加资本的形式进行积累。剩余价值转化为追加资本,追加资本和原有资本合并再带来新的更多的剩余价值,新的剩余价值又转化为新的追加资本,这样不断的积累形成一个滚雪球式的运动。资本这样以新的追加资本来增殖自己,所以资本的积累过程也就是资本自身的生产过程。

我们还是从劳动过程的要素谈起。首先,就单个资本的积累过程来看,资本家把商品产品(W')出售转化为货币资本(G')以后,资本价值和剩余价值也就随着采取货币的形式。其中,补偿资本价值部分被用于重新购买生产资料和劳动力(从而购买相应的生活

资料);剩余价值则分为两部分,一部分用于资本家的个人消费,一部分用于购买追加的生产资料和追加的劳动力(从而还要有相应的追加的生活资料)。但是,他要买到这些商品,就必须在市场上找到这些商品。

市场上能不能找到这些商品,又不是取决于商品流通本身,而是取决于社会总资本的再生产是否按社会需要的比例关系来进行。年总产品必须使一年耗费的生产资料和生活资料得到补偿(替换),并且能够提供追加的生产资料和追加的生活资料(以保证追加的劳动力的需要)。也就是说:"要积累,就必须把一部分剩余产品转化为资本。但是,如果不是出现了奇迹,能够转化为资本的,只是在劳动过程中可使用的物品,即生产资料,以及工人用以维持自身的物品,即生活资料。所以,一部分年剩余劳动必须用来制造追加的生产资料和生活资料,它们要超过补偿预付资本所需的数量。总之,剩余价值所以能转化为资本,只是因为剩余产品(它的价值就是剩余价值)已经包含了新资本的物质组成部分。"(第637页)

再从价值增殖过程来看,以上的分析是:先把剩余价值当作收入使用全用于资本家消费,后把剩余价值当作资本使用全部用于积累。实际上,剩余价值是一部分作为收入来消费,一部分作为资本来积累。这两者的比例关系表现在积累率上面。剩余价值之分为资本和收入,也就是用之于积累和消费。消费的相对减小,积累就相对增大。但是保持一定高度的积累率,决不是由于资本家在消费方面"节欲"的主观美德,而是由于客观规律通过竞争的压力所迫使。况且,在积累过程中,消费虽然相对减小却能绝对增大,随着资本家的暴富,他生活上的挥霍浪费可以和他的资本积累一同绝对地增大。

直接生产过程 $W \cdots P \cdots W$ 的再生产具体展开见图3.1所示。

现在,m(货币形式就是g)不全由资本家消费,而以其一部分用于积累,即用于购买追加的生产资料和劳动力(ΔPm 和 ΔA),从

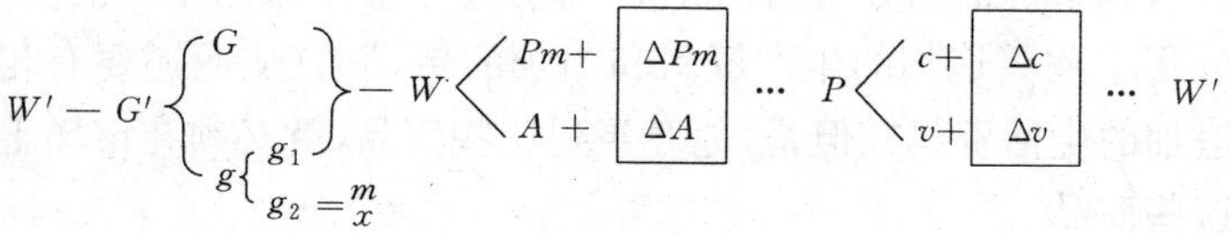

$$W'-G'\left\{{G \atop g\left\{{g_1 \atop g_2={m \over x}}\right.}\right\}-W\left\langle{Pm+ \atop A+}\boxed{{\Delta Pm \atop \Delta A}}\cdots P\left\langle{c+ \atop v+}\boxed{{\Delta c \atop \Delta v}}\cdots W'\right.\right.$$

图 3.1

而也就转化为追加资本 ($\Delta c+\Delta v$),其余部分 m/x 才用于资本家的消费。这时,$m=\Delta c+\Delta v+m/x$。在这里

积累量 $=\Delta c+\Delta v=[(\Delta c+\Delta v)/m]\times m$,

即 $=$ 积累率 $\times$ 剩余价值量。

内含的扩大再生产　由于 积累量 $=$ 剩余价值量 $\times$ 积累率,在积累率不变下,积累量就由剩余价值量来决定。剩余价值量的增加除了以前讲过的绝对的和相对的剩余价值生产以外,还有一些方法,其中重要的是发挥生产潜力以进行内含的扩大再生产。这当中,科学和技术起着巨大的作用,因为"劳动生产力是随着科学和技术的不断进步而不断发展的"(第664页),科学和技术可以不受投资的限制使资本具有扩张的能力。例如,机器制造业劳动的科学技术生产力的提高,不仅使机器价值下降,而且生产出效率更高的机器;使用机器的企业在它利用折旧费更新机器时,就可以买到更多的机器,而且买到效率更高、从功效来说更便宜的机器来更新,其结果会带来使用价值的扩大再生产,带来更多的剩余价值。再就劳动对象来看,科学技术的应用特别是化学的应用,可以发现劳动对象的多种用途,可以变废料为有用材料,也无须追加资本而扩大再生产,从而带来更多的剩余价值。正是由于以上两个方面的作用,"科学和技术使执行职能的资本具有一种不以它的一定量为转移的扩张能力"(第664页)。

由此可见,即使在积累情况下也要同时进行内含的扩大再生产。内含的扩大再生产并不要求为之增加投资,却可以带来更多的

剩余价值,成为进行扩大投资的源泉。

三、资本积累的规律　产业资本的历史

资本主义生产的主要规律是资本价值增殖规律。这一规律的前半部是前面讲过的剩余价值生产和占有的规律;后半部是现在叙述的剩余价值转化为资本即资本积累的规律。前半部主要内容是:以提高生产力为手段,达到生产和占有剩余价值的目的。后半部的主要内容是:积累的物质内容是剩余产品转化为追加的社会生产要素,这一追加以资本价值增殖为它的社会形式;追加的社会生产力逐步与资本价值增殖发生矛盾;但这种矛盾的最后解决只能是在事实上承认现代生产力的社会本性,因而也就是以社会主义生产关系取代资本主义生产关系。

积累中c/v提高的规律　资本积累无非是剩余价值不断转化为生产资料和劳动力,不断转化为不变资本和可变资本。在资本的积累过程中,资本的两个追加部分发生速度相同或者不同的运动,即发生资本有机构成不变或者变化的运动。

我们知道在社会生产力提高时,生产力的技术构成(Pm/A)必然提高,资本有机构成(c/v)也随之提高。(第682—684页)这就是说,随着生产力的发展,就技术构成讲,生产资料较快于劳动力的增长,就资本有机构成讲,不变资本较快于可变资本的增长。这个规律还可以从下面两个侧面反映出来。

一方面,它表现为生产资料较快增长的规律。由于劳动力的再生产由生活资料的再生产来维持,在劳动者为维持和再生产自己所必需的生活资料基金的变化不超过劳动生产力的提高幅度下,生产力技术构成不断提高的规律即生产资料较快于劳动力增长的规律,必然进一步表现为生产资料再生产的增长速度较快于生活

资料的增长速度。

另一方面,它又表现为人口的相对过剩规律。生产资料较快于劳动力增长的规律即劳动力较慢于生产资料增长的规律。如果一国人口众多,生产力又很低下,一旦大幅度提高生产力的技术构成,就会暂时出现过剩的劳动力从而出现过剩人口。如果这个国家由资本所统治,过剩人口就转化为相对于不能为资本增殖的过剩人口,并且因此还会在数量上大为增加。"工人人口本身在生产出资本积累的同时,也以日益扩大的规模生产出使他们自身成为相对过剩人口的手段。这就是资本主义生产方式所特有的人口规律"。(第692页)这种过剩人口有着以下特点:(1)相对于他们不能为资本生产一定高度的利润,他们就成为过剩的;(2)他们是作为就业工人的后备军以备资本主义生产周期中高涨时期之用;(3)他们的存在本身就使劳动力的供给总是大于劳动力的需求,从而资本就可以用尽可能低的价钱得到劳动力这一商品。

积累与发展生产力相互促进

前面我们从生产力本身的发展看资本积累的规律。现在再从发展生产力的结果看它和积累的相互促进关系。

所谓资本主义主要经济规律就是用提高劳动生产力的方法,达到生产剩余价值和积累的目的。在分析相对剩余价值生产时已经看到,资本如何用提高劳动生产力的方法,达到生产剩余价值的目的。现在,我们又知道,既然"提高社会劳动生产力的方法,同时也就是提高剩余价值或剩余产品的生产的方法,而剩余价值或剩余产品又是积累的形成要素。因此,这些方法同时也就是资本生产资本或加速资本积累的方法"(第685页)。并且,在积累顺利进行条件下,积累还会和发展生产力相互促进。"剩余价值不断再转化为资本,表现为进入生产过程的资本量的不断增长。这种增长又成为不断扩大生产规模的基础,成为随之出现的提高劳动生产力和加速剩余价值生产的方法的基础。"(第685页)

资本积累使新追加资本和原有资本积聚在一起的总资本庞大起来。并且由于竞争和信用制度的作用（留待第3卷第五篇去展开），又使一些各个积聚起来的资本互相吞并，形成资本集中，生产的高度社会化也就带来了资本的高度社会化。

资本主义积累的一般规律　将以上积累规律的各个侧面加以综合，可以得出积累的一般规律。大致内容如下：无产阶级所创造的社会财富越大，资本积累也就越大，随着资本积累、积聚和集中，无产阶级的人数和他们的劳动生产力也越大，其结果反而使工人就业困难，反而使整个无产阶级的处境苦难化。"在一极是财富的积累，同时在另一极，即在把自己的产品作为资本来生产的阶级方面，是贫困、劳动折磨、受奴役、无知、粗野和道德堕落的积累。"（第708页）因此，无产阶级的反抗也不断增长。最后，"生产资料的集中和劳动的社会化，达到了同它们的资本主义外壳不能相容的地步。这个外壳就要炸毁了。资本主义私有制的丧钟就要响了。剥夺者就要被剥夺了"（第831—832页）。

值得注意的是，这一革命的结论是有条件的。它的经济条件是资本的外壳已经和生产的高度社会化达到"不能相容的地步"；它的政治条件是随着财富积累和苦难积累的对立，工人阶级"反抗也不断增长"，也就是说，革命的形势已到来的时候。

这里讲的"苦难积累"不等于"贫困化"，主要是劳动折磨、受奴役。在积累过程中，工人的工资可以提高。"但是，吃穿好一些，待遇高一些，持有财产多一些，不会消除奴隶的从属关系和对他们的剥削，同样，也不会消除雇佣工人的从属关系和对他们的剥削。由于资本积累而提高的劳动价格，实际上不过表明，雇佣工人为自己铸造的金锁链已经够长够重，容许把它略为放松一点。"（第678页）

《资本论》第1卷就这样在揭示了积累一般规律之后，又揭示出生产关系一定要适合生产力发展的规律，因而使社会主义由空想变为科学。

产业资本的历史

在产业资本产生之前,存在着以劳动者私人占有生产资料的小商品生产。所谓资本的原始积累,就是剥夺这些直接生产者。这种剥夺,这种从个人的分散的生产资料到社会集中的生产资料的转化,即多数人的小财产到少数人的大财产的转化,形成资本的前史。这段历史也就是产业资本形成的历史。

具体说来,这种剥夺是以对农民的土地剥夺作为全部过程的基础。被剥夺土地的农民被迫成为雇佣工人,占有土地的资产者成为农业资本家。农业革命形成工业资本的国内市场,工业资本又通过殖民制度,进行更大规模的原始积累。可见,产业"资本来到世间,从头到脚,每个毛孔都滴着血和肮脏的东西"(第829页)。

产业资本的历史就是它由产生、壮大到衰亡的历史。它产生于原始积累,它壮大到衰亡则是由资本积累规律决定的。

《资本论》中积累的理论,如果撇开资本形式,许多部分适用于社会主义的积累:

(1) 再生产就其物质内容讲是生产力两因素生产资料和劳动力(从而生活资料)的再生产,就其价值形式讲是资金价值再生产。

(2) 要积累,也不会出现什么"奇迹",只能是剩余产品已经包含了积累的物质要素。

(3) 为了增加积累,就必须先增加剩余产品,为此特别要注意提高企业的生产力。至于积累率,也不是由主观随意决定的,而是由客观规律决定的。

(4) 在人口众多的国家,随着社会劳动生产力的发展引起的生产力技术构成的提高,也会带来相对过剩的人口。

(5) 不是资本集中,而是企业联合,排除了资金集中的对抗形式,保留了资金集中促进生产社会化的好处。

(6) 社会劳动生产力的发展和社会主义积累的关系,也是相辅相成、相互促进的。

第二篇　资本的流通过程
（包含生产过程的流通过程）

《资本论》第 1 卷集中论述了作为资本运动的本质阶段——直接生产过程。现在,要把它和流通过程综合在一起分析,并且把侧重点转到流通过程,以及生产过程在流通过程的延续部分。

《资本论》第 2 卷综合分析资本运动两个过程,即包含直接生产过程在内的广义的流通过程。并且侧重叙述资本形态的转化。也就是说,第 2 卷是把狭义的流通过程(买 $G-W$ 与卖 $W'-G'$)和第 1 卷讲的直接生产过程($W\cdots P\cdots W'$)综合在一起,侧重论述产业资本的形态转化运动。

产业资本在运动中依次采取三种形态(货币资本 G,生产资本 P,商品资本 W'),在这个无限运动中,资本的每一种形态,每经过三个转化阶段($G \to P$, $P \to W'$, $W' \to G'$)就重现一次,也就是循环了一次。产业资本有三种形态,因而资本循环也有三种形式,即

货币资本循环 $G-W\cdots P\cdots W'-G'$（简写为 $G\cdots G'$ ）
生产资本循环 $P\cdots W'-G'-W\cdots P$（简写为 $P\cdots P$ ）
商品资本循环 $W'-G'-W\cdots P\cdots W'$（简写为 $W'\cdots W'$ ）

实际上,这三种循环不是三个独立的运动,而是上述的产业资本无限运动中的三个侧面的片断。这三种循环统一在产业资本的无限运动之中,即

$$\underbrace{G-W\cdots \overbrace{P\cdots W'-G'\cdot G-W\cdots P}^{P\cdots P}\cdots W'-G'\cdots}_{\substack{G\cdots G' \\ W'\cdots W'}}$$

第 2 卷共三篇,第一篇着重分析 $G\cdots G'$,第二篇着重分析 $P\cdots P$,第三篇着重分析 $W'\cdots W'$。总之,第 2 卷是以上述产业资本的变形运动一通到底的,这就是"包含着骨骼体系的肌肉结构",抓住了这个结构也就基本上抓住了第 2 卷的结构。

这样,《资本论》第 2 卷也由三大部分构成,即

一、单个资本的生产和流通① (资本循环)(第一篇)

二、单个资本的再生产和流通(资本周转)(第二篇)

三、社会总资本的再生产和流通(第三篇)

具体说来就是:按照从分析到综合的方法,第 2 卷前两篇分析单个资本的再生产和流通(这里面又是先分析孤立的一次生产和流通,再分析反复的生产和流通),然后第三篇综合分析社会总资本的再生产和流通。与此相应,第一篇在侧重分析货币资本循环的基础上论述了资本三种形态**循环**及其统一,从而重点论述生产和流通运动的连续性和每次循环(生产和流通)所经历的时间和消耗的费用。第二篇侧重分析生产资本循环的反复(周转),重点论述再生产和流通的速度与资本预付(占用)量的关系。第三篇侧重分析商品资本循环,论述社会总资本再生产和流通的综合平衡。

第 1 卷主要论述以提高生产率为手段达到资本价值增殖目的

---

① 资本循环特别是其中 $P\cdots P$ 与 $W'\cdots W'$,也可以说是单个资本的再生产和流通,但循环本身毕竟只经历一次生产过程,所以标为"单个资本的生产和流通"。

的规律。现在第2卷进一步指出,资本价值增殖还要以再生产和流通速度为手段,而微观经济运行速度又必须使自己的产品符合宏观经济综合平衡的需求为前提。这就是第2卷主要叙述的内容。

如同第1卷的内容一样,资本形态运动是和它的物质基础劳动生产力的发展分不开的。例如,资本运动具有连续性,"这种连续性本身就是一种生产力"(第312页)[①];节约资本循环所消耗的费用,就是提高劳动生产力;提高劳动生产力会提高资本的周转速度;社会劳动生产力的水平,决定了社会生产的基本比例关系,从而决定了社会总资本再生产和流通的实现条件等等。

由于第2卷的要点在于叙述如何提高资本周转速度以增殖资本,而提高速度又主要靠提高生产力。因此,它仍然是以提高生产力为手段达到资本价值增殖目的这一社会主要经济规律的展开。但这是有条件的。如果生产社会不需要的产品,W'就不能实现,资本(或资金)就积压,不仅不能增殖,还要支付利息,甚至亏损。

---

① 在本书的"资本的流通过程"部分,凡未加注书名的页码,都是指《资本论》第2卷(《马克思恩格斯全集》第24卷)的页码。

第四章 资本形态循环
（单个资本的生产和流通）

前面说过，处于运动中的资本，每一种形态（G，P 或 W'），每经三个转化阶段就重现一次，而重现就是循环。资本有三种形态，每种形态都会在运动中重现，也就存在着三种循环，即 $G\cdots G'$，$P\cdots P$，$W'\cdots W'$。这三种循环统一在资本的无限运动中。

《资本论》第 2 卷第一篇共六章，大致可分为两个部分。前四章作为一个部分。其中，前三章按次分析三种资本形态变化及其循环，第四章再综合论述产业资本循环是三种循环的辩证的统一。第二部分即第五章和第六章，分析资本每次循环所经历的各种时间和所消耗的各种费用。

资本形态变化及其循环是和商品经济联系在一起的。所以，撇开资本性质，这里的有关原理也适用于社会主义企业的资金形态变化及其循环。资金也有三种形态即货币资金、生产资金和商品资金，从而也有三种形态的循环。

一、三种循环及其辩证的统一

货币资本的循环　　货币资本循环的公式是 $G—W\cdots P\cdots W'—G'$。循环经过三个阶段，即购（$G—W$）、产（$W\cdots P\cdots W'$）、销（$W'—G'$）三个阶段。具体说来，就是

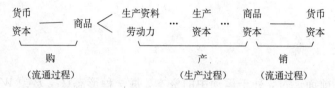

为了进行纯粹的分析，在这里，把一切同资本的形态形成和变换无关的因素撇开。因此，不但假定商品是按照它的价值出售，而且假定商品价值量不发生变化。

1. 购　（$G—W$）

它的物质内容是 $G—W<_A^{Pm}$，即 $G—W(Pm)$ 和 $G—W(A)$：预付的货币资本 G 是分为两部分，一部分用来购买商品生产资料 $W(Pm)$，另一部分用来购买商品劳动力 $W(A)$。它们的特性自然要与所生产的商品品种相适应。

但是，$G—W<_A^{Pm}$ 除了表示 G 所转化的商品这种质的分割之外，还表示一种最具有特征的量的比例关系。Pm 和 A 的比例关系是由一定量的工人所提供的剩余劳动量决定。如果买到的生产资料过少，就会停工待料，剩余劳动就不能得到充分利用。反之，如果过多，就会造成物资积压，资本的效能就不能得到充分发挥。这两种情况，对企业都是不利的。

2. 产　（$W<_A^{Pm}\cdots P\cdots W'$）

这个阶段就是第 1 卷讲的直接生产过程，它是循环的本质阶段。

这个过程的先行阶段,$W <^{Pm}_A \cdots P$,表明被购买的商品(生产资料和劳动力)进入生产领域以后就转化为生产资本。在生产资本 P 中,由于生产资料和劳动力在剩余价值的生产过程中对价值的形成从而对价值的增殖起着不同的作用,生产资料 Pm 采取不变资本 c 形式,劳动力 A 采取可变资本 v 形式,所以 $W <^{Pm}_A \cdots P$ 又可写为 $W <^{Pm}_A \cdots P <^c_v$。

这个过程的主要阶段 $P \cdots W'$,表明生产资本的不变部分和可变部分结合起来进行生产,生产的结果是商品资本 W'。商品产品 W' 分为两部分,$W' <^W_w$ 中的 W 相当于预付资本价值,即 $W = c + v$;w 则是剩余产品,它的价值等于剩余价值,即 $w = m$。所以 $W' = c + v + m$。这样,$P \cdots W'$ 又可写为 $P <^c_v \cdots W' <^W_w$。

在这里,马克思讲了一个极为重要的原理,指出任何社会只要进行生产,劳动力和生产资料必须结合起来。它们结合的特殊方式和方法则是划分经济时代的标志。

3. 销 ($W'—G'$)

商品资本转化为货币资本对资本循环来说非常重要,这是因为:如果 W' 卖不掉,资本的再生产运动就会中断;或者卖的速度不同,资本的再生产也会以不同的程度扩大或缩小。而且商品 W' 还必须全部卖掉,如果只卖掉一部分,那末,剩余价值虽然生产出来了,却没有全部实现;如果卖掉很少,甚至不能补偿资本价值;只有全部卖掉,才能既实现资本价值,又实现剩余价值。商品转化为货币对商品生产者来说是生死攸关的问题。马克思形象地说:"商品爱货币,但是'真爱情的道路决不是平坦的'"[①]。又说,"商品价值从商品体跳到金体上……是商品的惊险的跳跃。这个跳跃如果不成功,摔坏的不是商品,但一定是商品所有者"[②]。这就迫使资本家

---

① 《资本论》第 1 卷、《马克思恩格斯全集》第 23 卷,第 126 页。
② 《资本论》第 1 卷、《马克思恩格斯全集》第 23 卷,第 124 页。

必须依据市场需要来安排企业的生产。

$W' <_w^W$ 转化为 G'，G' 就相应为两部分，一部分实现 W 的价值，相当于原预付的 G；另一部实现 w 的价值，也就是剩余价值从而剩余产品的货币形式 g。

综上所述，$G—W\cdots P\cdots W'—G'$ 这一循环，用详细的形式表示，就是：

$$G—W <_A^{Pm}\cdots P <_v^c\cdots W' <_w^W—G' <_g^G$$

这就是上述购、产、销三个阶段合在一起的总运动。在这个总运动中不断变换形态并在每个形态中执行相应职能(生产或实现剩余价值的职能)的资本，就是产业资本。又因为在这个变形运动中必须经过生产资本的形式，所以产业资本是投在物质生产部门的资本，即投到农业、矿业、工业、交通业的资本。

产业资本的循环公式，对交通业来讲，又稍有变形。

交通工业包括货客运输业、邮电业等等。它的特点是："有一些独立的产业部门，那里的生产过程的产品不是新的物质的产品，不是商品。在这些产业部门中，经济上重要的，只有交通工业，它或者是真正的货客运输业，或者只是消息、书信、电报等等的传递。"(第65页)

货客运输业的生产过程的结果，不是新的物质的产品，不是商品，只是场所的变更，也就是把人(客)或物(货)从一个地方(场所)运到另一个地方(场所)。场所变更就是运输业产生的效用，它和运输过程即运输业的生产过程不可分离地结合在一起。运输业的特点还在于，所生产的效用(场所的变更)的生产过程，同时又是运输业的出售这种效用的过程，同时还是这种效用被消费的过程。从运输工人运用运输工具将货客由一个地方运到另一个地方来说，这是生产过程；从运输业对货客收取运费来说，这是出售过程；从被运输的货物和旅客来说，这又是消费过程。不过，客运是个人的消费,货运是生产的消费。而这里生产的消费实际上是生产过程在流通过程的继续。运输效用的交换价值也由 $c+v+m$ 来决定。这种效用,如果被用于个人消费(客运),它的价值就和消费一起消失;如果被用于生产消费(货运),它本身就处于被运输的商品的一个生产阶段,它的价值就追加到被运输的商品中去。"因此,运输业的公式应该是 $G—W <^A_{Pm} \cdots P—G'$,因为被支付的和被消费的,是生产过程本身,而不是能和它分离的产品。"(第66页)就是说,由于运输业不生产商品,所以 $P \cdots W'$ 这阶段没有了,于是 $P \cdots W'—G'$ 便简缩为 $P—G'$ 形式。

货币资本的循环 $G \cdots G'$ 是产业资本循环的最典型的形式。它典型地反映了产业资本的目的和动机是价值增殖,即赚钱和积累。

$G \cdots G'$ 毕竟是产业资本的最片面的表现形式。它显示的只是这个循环中的货币形式,只是 G' 大于 G,似乎 G 自身能生出更多的货币。实际上,由于剩余价值是在生产过程产生,所以货币资本的循环 $G \cdots G'$ 是以生产资本的循环 $P \cdots P$ 为基础的。

生产资本的循环 生产资本的循环是 $P \cdots W'—G'—W \cdots P$,或简写为 $P \cdots P$。这个公式表明,生产资本在完成生产过程的职能以后,又以流通为媒介,恢复到它的原来的形态。从这个公式的起点 P 到终点 P,意味着从生产到再生产。不过,这里暂不分析生产资本本身的再生产问题,而只分析作为 $P \cdots P$ 中间媒介的流通过程($W'—G$ 和 $G—W$)。这当中的关键点又在于,已经增殖的货币资本 G' 中的剩余价值 g 有多少再转化为预付资本 G。剩余价值如果全部用于资本家消费就是简单再生产,如果有一部分用于积累就是扩大再生产。用公式表示就是

$$P \cdots \boxed{W' \ \boxed{G' \cdot G} \ W} \cdots P$$

即 $P \cdots P$ 以流通为媒介,其中 G' 与 G 的关系决定再生产的规

模，$W'—G' \cdot G—W$ 是否顺利决定再生产是否顺利。

$P \cdots P$ 形式批判了 $G \cdots G'$ 的片面性，它告诉我们，货币的增殖并不来自流通，货币形式的剩余价值 g 不过是生产过程中产生的剩余产品的实现形式。但是，$P \cdots P$ 也有自己的片面性，它从 P 到 P，仿佛生产不是为价值增殖，而是为生产而生产。

既然 $P \cdots P$ 以流通 $W' \cdots G' \cdot G—W$ 为中介，如果流通某一环节发生故障而中断，再生产运动也会随之中断。

1. $W'—G'$ 的中断和危机的爆发

就每个资本的循环来说，只要商品 W' 卖掉（能转化为货币 G'），再生产运动 $P \cdots P$ 就能继续进行。资本主义的生产是大生产，在大量生产中，大批的产品除了直接卖给别的产业资本家而外，只能卖给大商人。而在资本主义生产者看来，只要他的 W' 能卖掉，一切就都正常，他的资本的循环就不会中断，并能扩大规模进行下去。至于他卖给大商人的商品是否为社会所需要，是否已经为直接消费者所买去，他根本不去管它。这时，从社会来说，即使他的产品已经过剩，他仍然会盲目进行再生产。

另一方面，从大商人看来，在表面处于繁荣时期，个个资本都在积累，生产消费和个人消费都有所增加，行情还在看"涨"，他大批进货进行投机。实际上，生产已经过剩，在商品像潮水一样涌来的时候，他发现商品已经卖不掉时，为了争夺市场，只好削价出售。存货还没有卖掉，支付期限却已经到来。为了支付，即使贱价推销也难以脱手，就没有现金支付，于是资本主义生产过剩的经济危机，通过货币危机、商业危机爆发出来。结果，一个个的产业循环运动也就随之中断。

2. $G—W$ 的中断

如果市场缺货，产业资本家买不到企业必要的生产资料，企业就会发生停工待料的现象。

总之，流通的中断还会导致生产的中断。

商品资本的循环

商品资本循环的公式是：$W'—G'—W\cdots P\cdots W'$，或简写为 $W'\cdots W'$。

对这个公式侧重分析它的三个点，在

$$W'—G' \cdot G—W\cdots P\cdots W'$$

中，起点、通过点和终点都是商品，不过，头尾是 W'，通过点则是 W。但是，对社会总资本来讲，通过点也变为 W'。

前两种形式的循环（$G\cdots G'$ 和 $P\cdots P$）的起点都是预付资本，相反，$W'\cdots W'$ 的**起点**则是已经增殖的资本。这个起点既包含资本价值，又包含剩余价值，因而运动一开始既是补偿资本价值的那部分产品 W 的运动，又是承担剩余价值的那部分产品 w 的运动。

这个起点 W' 必须全部卖掉，也就是必须顺利地通过 $W'—G'$，$W'\cdots W'$ 才不会受到干扰。但 W' 全部卖掉意味着 W' 为社会所需要，因而为社会所消费。又由于起点包含资本价值和剩余价值，所以，这个公式所包含的产品的社会消费，既包含生产的消费，又包含个人的消费。这样，$W'\cdots W'$ 已经超出它作为一个单个资本的孤立的循环的范围。因此，在分析单个产业资本的运动时，我们主要是用 $G\cdots G'$ 和 $P\cdots P$ 作为基础，而到第三篇分析社会总资本运动时，才用 $W'—W'$ 作为基础。

至于这个循环的**通过点**，如果就单个资本来讲，它是商品 $W<^{Pm}_{A}$，而不是商品资本 W'。但若就社会总资本来讲，它和起点的社会年总产品 W' 实际是一回事情。社会年总产品全部要卖给社会，即 $W'—G'$；倒过头来讲，也就是社会买进全部社会年总产品，即 $G—W$。由于社会总资本运动的通过点 W 实际上是等于起点 W'，所以，上述公式又可写为 $W'—G'—W'\cdots P\cdots W'$。这样，$W'$ 便作为起点、通过点和终点而存在着。

最后，这个循环的**终点**，在简单再生产情况下是 W'，在扩大再生产情况下是 W''，即更大的 W'。但它作为下一个循环的起点仍然

应该标为 W',当然,这和前一个循环的起点相比,已经是一个更大的 W'。

$W'\cdots W'$ 形式也有自己的片面性。它叫人只注意 W' 的实现问题,掩盖着价值增殖的目的。它又使人感到一切生产要素好像都是来自流通,并且只是由普通商品构成,忽视了生产过程中劳动力 A 这个最重要的要素。

三种循环并存的资本运动

按照由分析到综合的方法,现在我们对这三种循环形式进行总的考察。

总的说来,资本循环无论哪一种形式,都是经历购、产、销三个阶段,因而都是生产过程和流通过程的统一。它们还有一个共同点:价值增殖是决定的目的和动机。

就这种循环之间的关系来讲,我们已经知道,一种循环的反复包含着其他两种循环的进行。所谓三种循环不过是总运动的三个侧面。

但是,以上是假定全部资本在同一时点上采取一种职能形式(G、P 或 W')。这样,循环运动就会断断续续——在购的时候产和销中断,在产的时候购和销中断,在销的时候购和产中断。总运动的连续性要求克服这种中断性,这就要求全部资本在同一时点上不只采取一种职能形式,而要按比例地分割为并列的三种职能形式(G、P 和 W'),并且同时顺次转化。资本分割为三个按比例存在的并列部分并顺次转化,使产业资本作为这些部分的整体同时处在各个不同的阶段和职能中,生产才不会断断续续;由此形成了产业资本的连续性运动。这个总运动不仅是生产过程和流通过程的统一,而且是三种循环的空间上并存、在时间上继起的统一。

我们还要注意到,虽然循环运动的时间上的继起以资本三种形式的空间上并存为条件,但资本三种形式空间上的并存又是三种循环时间上继起的变形运动的结果。某一个环节发生故障,并列的资本比例就会发生混乱,总循环也会随之遭受破坏。

产业资本运动的正常进行,还要以价值(从而价格)的变动得到克服和抵消为条件。产业资本在运动中所采取的三种形态,就是资本价值的三种形态,抽象地讲,也就是价值的三种形态。在这个运动中,每一种形态上的价值都是由社会必要劳动时间决定的,如果过程中处在某一形态上的价值(从而价格)发生变动(价值革命),运动就不能正常进行。反过来说:"资本主义生产只有在资本价值增殖时,也就是在它作为独立价值完成它的循环过程时,因而只有在价值革命按某种方式得到克服和抵消时,才能够存在和继续存在。"(第122页)

为了保持生产正常运转,社会主义企业资金也要按比例地分割为三种形态并顺次转化,这又要求企业对它的购、产、销诸方面的活动进行全面的计划、组织与协调。为了保持企业资金的正常运转,还必须有合理的价格,不仅让三种循环能够在空间上并存、在时间上继起,而且能够增殖资金价值。

二、每次循环所经历的时间和消耗的费用

考察循环在于弄清每次循环所经历的购、产、销三个阶段,从而弄清每次循环所经历的时间和每次循环所消耗的费用。这里费用的节约和时间的缩短就是资本使用效率的提高,所以特别重要。

资本循环所经历的时间　一般说来,资本循环所经历的时间就是一个企业的商品生产和流通所经历的时间,它包括生产时间和流通时间。这些时间首先是由商品的使用价值决定的。

1. 生产时间

在生产领域中,资本是作为生产资本存在的。生产时间表现为资本处于生产资本形态 P 的时间。生产资本的物质内容是劳动力

和生产资料,因此这段时间又根据劳动力 A 与生产资料 Pm 结合与否,再分为劳动时间和非劳动时间。

劳动时间:这是生产力两因素(生产资料与劳动力)相结合的时间,因而是生产力发挥作用的时间,它是循环时间中最重要的部分。另一方面,就资本价值形式来讲,生产资料和劳动力的结合又表现为不变资本和可变资本的结合,只有这一部分时间才创造价值和增殖价值。

非劳动时间:这是生产资料已进入生产领域,但没有和劳动力结合的时间,它包括储备时间、停工时间和自然作用时间。

显然,生产时间中非劳动时间越短,一定量生产资本在一定期间内的生产效率就越高,它的价值增殖就越大。"因此,资本主义生产的趋势,是尽可能缩短生产时间超过劳动时间的部分"(第141页)。

现在,把以上所讲的生产时间的构成综合图示如图 4.1。

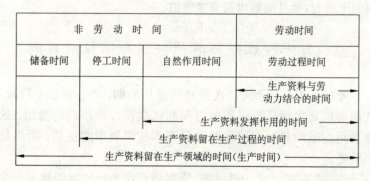

图 4.1　生产时间的构成图

2. 流通时间

在流通领域中,资本是作为货币资本和商品资本存在的。流通时间包含着买和卖两部分时间;其中,购买时间实际是资本处于货币资本形态 G 的时间,售卖时间实际是资本处于商品资本形态 W' 的时间。

流通时间(除开生产性的流通时间不说)和生产时间是互相排斥的。资本在流通时间内不是执行生产资本的职能,它既不生产商品,也不生产剩余价值。因此,流通时间对生产时间,或者说,对于一个企业的总资本能够分割多少作为生产资本,起了一种消极限制作用。资本的两个组成部分(G 与 W')在流通领域停留的时间越长,资本在生产领域执行职能的部分 P 就越小。反之,如果流通时间越短,资本的生产效率就越高,价值增殖就越多。

最后,再把生产时间和流通时间综合在一起,资本每一次循环所经历的时间见表 4.1 所示。

表 4.1 资本循环的时间

流通时间	生　产　时　间				流通时间
购买时间	储备时间	劳动时间	自然作用时间	停工时间	售卖时间
$G—W$	...P...				$W'—G'$

资本循环所消耗的费用　　资本循环在生产领域所消耗的费用叫生产费用,资本循环在流通领域所消耗费用叫流通费用。所以,资本完成它的循环所消耗的全部费用,等于生产费用和流通费用之和。

在两类费用中,生产费用更为重要,它等于生产资料转移的旧价值和活劳动创造的新价值。生产费用主要是劳动过程中所消耗的费用。除此而外,还包括生产领域中的物资储备的保管费用,自然作用期间的费用,以及正常停工期间的费用。

流通费用又分两种,一种是生产性质的流通费用,即商品保管费用与运输费用。这种用于必要的商品储备与运输上的劳动,是生产在流通中的延续,是创造价值和剩余价值的劳动。另一种是非生产性质的流通费用,即单纯为价值在流通中变换形态(卖,W 换为 G;买,G 换为 W)的纯粹流通费用,它不创造价值,是由剩余价值来补偿的费用。

资本每次循环所消耗的费用可以归纳如图 4.2 所示：

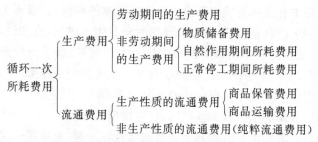

图 4.2　资本循环所耗费用

现在，按次叙述这些费用。

1. 生产费用

这是资本经历直接生产过程所消耗的费用。生产费用这个术语有多种含义，其中主要有两种：(1)为生产商品 W' 而消耗的过去劳动和活劳动，就价值来讲它等于 $c+v+m$，这是商品的实际生产费用；(2)为生产 W' 所投入的生产资本 P 的耗费，它等于 $c+v$，一般把它叫做生产成本，因为剩余价值 m 无所费于资本家，在资本家看来，他的生产费用就只是资本 $c+v$ 的耗费。也就是说："商品的资本主义费用是用**资本**的耗费来计量的，而商品的实际费用则是用**劳动**的耗费来计量的"[①]。我们现在要分析的是商品的实际生产费用。虽然成本这个范畴也重要，但它是从实际生产费用中派生出来的，并且要在实际生产费用的基础才能科学地分析成本的问题。

商品的实际费用是用劳动耗费来计量的，但由于生产条件的差别，各个企业为生产一定量同种商品所耗劳动量却不相等。它们会平均化为社会必要劳动时间。因此，一方面，企业为生产一定量商品所消耗的劳动时间（个别劳动时间），并不正好等于社会必要劳动时间；另一方面，价值规律却促使每个企业的个别劳动时间不

---

① 《资本论》第 3 卷，《马克思恩格斯全集》第 25 卷，第 33 页。

超过社会必要劳动时间,也就是促使每个企业的个别生产费用不超过社会平均的生产费用。

那末,怎样降低生产费用呢？从过去劳动方面来讲,可以通过以下一些途径:(1)尽可能提高固定资产的利用率,固定资产按一定期间计算的折旧费就会分摊到更多的产品中去,从而转移到每个产品中的这部分旧价值(即过去劳动的凝结)减小了;(2)千方百计降低原材料和辅助材料的单耗,防止大材小用、优材劣用,防止发生废料以及综合利用废渣、废液、废气,变废为宝,都能减少旧价值的转移;(3)大力提高生产生产资料部门的劳动生产力,会使生产资料价值下降,从而也会使转移到商品中的旧价值减小。从活劳动方面来讲,可以通过以下一些途径:(1)减少劳动力的非生产耗费,包括减少企业的非生产人员,在生产过程中则要避免无用劳动的耗费;(2)组织好劳动的分工和协作;(3)采用先进的技术设备使劳动更有效率。总之,降低生产费用在于使生产商品所需要的劳动量(过去劳动和活劳动)的每一部分都缩减到最低限度。

降低生产费用还包括节约非劳动期间的生产费用。一般说来,这主要通过以下几个途径:(1)尽可能缩短非劳动期间;(2)把这项费用缩减到必要的养护费用(对劳动中断时生产领域中的原材料、半成品、机器、厂房等的必要养护费用);(3)还要把物资的储备量缩减到再生产所必要的限度以内。

我们还要看到,一个企业生产费用的降低就意味着该企业提高了劳动生产力,因为生产商品所消耗的劳动量(过去劳动和活劳动的总量)是与劳动生产力成反比的。马克思说:"真正的经济——节约——是劳动时间的节约(生产费用的最低限度——和降到最低限度)。而这种节约就等于发展生产力。"马克思还专门写了一个公式:"节约劳动时间 ＝ 发展生产力"[①] 来概括和强调上述原理。

---

① 《马克思恩格斯全集》第46卷(下),第225页。

因此,倒过来讲,一个企业只要努力提高劳动生产力,就能节约生产费用,从而获得较大的经济效果。

2. 保管费用

保管费用发生在循环的两个环节上,一是发生在生产过程的准备阶段,即生产资料的储备费用,它是直接生产过程中的生产费用的一个组成部分,这在前面已经讲过了;另一是发生在直接生产过程的结束阶段,即商品产成品的保管费用。由于产品 W' 一旦形成便进入流通领域,所以 W' 的保管费用是流通费用。保管费用是不创造使用价值的费用,对社会来说,是生产上的非生产费用。但它保存了生产出来的商品,因而又具有生产的性质,是生产性质的流通费用,是生产过程在流通中继续进行而追加的费用,因而它会创造价值并把价值追加到商品中去。在这里,使用价值虽然没有增加,反而因仓存损耗而减少了,但它的减少受到限制,它被保存下来。就因为这个原故,保管费用在一定程度上会加入商品价值。这样,生产一个商品所消耗的费用,除了前面讲的生产费用以外,还要加上这项保管费用,它使商品变贵,就像劳动生产力降低使商品变贵一样。

储备有三种形式:生产基金的形式(它的资本形式就是生产资本的形式),个人消费基金的形式,商品储备或商品资本的形式。在历史的发展过程中,这三种储备不断发生相对的变化。在自然经济下,个人消费基金(生活资料)占很大的比重,其次是生产基金(生产资料)的形式。到了资本主义社会初期,由于资本主义生产是大生产,生产资料的储备就占有较大的比重,以保证生产能够连续进行。随着资本主义生产的发展,商品经济统治着全社会,于是生产资本储备形式又相对减少,商品资本(W')形式的储备则相对增加。这种储备形式的变换和储备量的大小取决于生产规模、运输条件、信用制度和生产时间等各种因素。

不管产品储备的社会形式如何,保管这种储备,总是需要费用,总是要为此追加物化劳动和活劳动。但是,储备越是社会地集中,储备费用就相对地越少。

储备费用不是都会加入商品价值。这要看商品储备是正常的还是不正常的。如果是不正常的,投入的储备费用就不会加入商品价值。只有正常的储备费用才会加入价值。

所谓正常的储备,它的量的界限又由什么来决定呢？这个界限,一方面,要满足社会的销售量或需求量,并且要大于平均销售量或平均需求量。另一方面,还要考虑到商品再生产的时间长短,来相应地进行储备;再生产时间较长的商品要多储备,以免缺货断档;再生产时间较短的商品可以少储备,因为货源不断涌来,不会断档。

实际上,正常的储备所需要的费用,不过是社会生产基金或社会消费基金的保管费用的一种形式。只有这种正常的储备费用才会加入商品价值。但是,正常的储备费用仍然是社会财富的扣除。虽然它是社会财富的存在条件之一。

正常的储备只是流通的表面上停滞。相反,不正常的储备是流通的真正停滞,它超出了正常储备的数量界限,例如危机时期,仓库里存货越来越多,这时,费用仍然是一样的,但是,它现在是因为商品转化为货币的形态变化发生困难而产生的费用,所以它不加入商品价值,而成为价值的损失。

储备费用,具体说来,包含以下几项:(1)存货的数量损耗部分;(2)存货的质量变坏部分;(3)保管储备所需要的物化劳动和活劳动。

3. 运输费用

运输费用发生在循环的各个环节上。一是直接生产过程内部的运输费用,它是生产费用的组成部分。另外是流通过程中因购买和出售产生的运输费用。商品运输费用虽是不创造新的物质财富的费用,但是投到运输部门的劳动却创造了一种特殊效用——场所的变更,因而也具有生产的性质,也是生产过程在流通中继续进行而追加的费用,也是生产性质的流通费用。

在任何社会里,人们如果不以一定方式结合起来共同活动并交换其活动,便不能进行生产。人们在互相交换其成果时,产品的场所变换便成为必要,这使运输在任何社会都起着重要的作用。就商品生产和流通来讲,运输费用中的过去劳动部分会转移到被运输的商品中去。活劳动部分会创造新价值追加到被运输的商品中去。劳动创造的一定量产品的价值量和劳动生产力成反比的规律,在这里,表现为在一定距离内运输一定量商品(一般以吨公里为单位)所需要的运输费用与运输劳动的生产力成反比。

在其他条件不变的情况下,由运输追加到商品中去的绝对价值量,和运输业的生产力成反比,和运输的距离成正比。

在其他条件不变的情况下,由运输费用追加到商品价格中去的相对价值量(价格),和商品的体积和重量成正比,也和某些商品的特殊自然属性(易碎、易爆炸)成正比。因为易碎、易炸的物品,在运输上需要采取不同程度的防护措施,因而需要耗费更多的活劳动和物化劳动。

在资本主义生产方式下,首先因为产品绝大多数转化为商品,其次又因为远方市场的开辟,使耗费在商品运输上的那部分社会劳动大为增加。但由于交通运输工具的发展,由于运输劳动社会化程度的增加,又使单个商品的运输费用减少。

在社会主义社会,为了减小单位产品所包含的运输劳动的量,就每个运输企业来讲,前面说的节约生产费用的途径,在这里也是适用的。就国民经济总体来讲,还有必要对整个工厂,整个地区,整个部门,以至整个国家的基本建设事先作出总体的经济规划。如果布局合理,就会从总体上节约大量运输劳动,从而摊到投产后每个商品上的劳动也就随之减小。

4. 纯粹流通费用

纯粹流通费用是纯粹为价值变形而支出的流通费用,它不创造价值,反而要由剩余价值来补偿。因此,节约流通费用特别要节约纯粹流通费用。

纯粹流通费用首先是纯粹为做买卖而消耗的费用,即由价值的商品形式 W' 转化为货币形式 G'（卖）,又由货币形式 G 转化为商品形式 W（买）所消耗的费用。由于买卖行为只是使价值形式发生转化,并不能使价值本身增殖,因此,为转形而投下的劳动虽属必要,但不创造价值。从事买卖的人,不论是独立劳动者,还是被雇佣的商业劳动者,所花费的劳动,都不创造价值。

耗费在簿记上的费用也是一种纯粹流通费用,但生产越是社会化,簿记就越是必要。

* * *

马克思在《资本论》第4卷指出:"生产逐年扩大是由于两个原因:第一,由于投入生产的资本不断增长;第二,由于资本使用的效率不断提高。"[①] 为了提高资金的使用效率,就单个企业来讲,主要有两方面的路子,一方面要节约资金的**耗用量**,即节约商品在生产和流通中（循环中）所**消耗的各项费用**,也就是用于生产和流通中的人力物力的节约,这种节约意味着劳动生产力的提高。另一方面要减少资金的**占用量**,为此又要提高资金周转速度,即缩短资金在再生产和流通中（周转中）所**经历的各种时间**,这些时间的缩短也是和劳动生产力的发展联系在一起的。总之,生产同样规模的产品,如果资金的耗用量、占用量减少了,就意味着单位资金的效率的提高,也意味着劳动生产力的提高。

根据前面的分析,从节约资金耗用量（资金循环所消耗的费用）方面来提高资金使用的效率,有几个值得注意的问题综合如下:

---

① 《马克思恩格斯全集》第26卷Ⅱ,第598页。

(1) 为了节约各项费用,必须先弄清楚各项费用的**单耗**标准。按照价值规律的要求,**单位**商品的生产费用应该以社会平均生产费用为标准,也就是以社会必要劳动时间为标准。这不仅对耗用的活劳动是如此,对耗用的物化劳动(过去劳动)也是如此;而且要把两者加起来进行核算,使活劳动和过去劳动的总和不超过社会必要劳动时间。

(2) 流通过程中的保管费用和运输费用是生产性质的流通费用。因此,价值规律,或者说单位商品价值由社会必要劳动时间决定这一规定,还要具体理解为,不仅由直接生产过程中耗费的社会必要劳动时间来决定,而且要加上耗费在流通过程中的运输和保管的社会必要劳动时间。

(3) 根据单位产品所消耗的劳动量(过去劳动与活劳动的总量)与劳动生产力成反比的原理,每个企业都要努力提高劳动生产力,才能节约单位商品的生产费用,才能获得较大的经济效果。

(4) 还要特别注意纯粹流通费用的节约。

至于从减少资金占用量方面来提高资金使用的效率,那是一个提高资金周转速度问题,是下一部分即将分析的问题。

第五章 预付资本的周转
（单个资本的再生产和流通）

资本循环作为周期性的循环,或者说作为不断反复的循环,叫做资本周转。但是周转中的资本限于预付的资本。

一、概　　论

预付资本周转的中心问题是周转速度问题,实质上是预付资本的效率问题。因为周转速度的加快,意味着在一定时间内(例如一年),生产和流通同量商品(从而生产和实现同量的剩余价值),只需较小的投资(即占用较少量的资本);或者倒过来说,同额投资在一定时间内可以生产和流通更多的商品,生产和实现更多的剩余价值。

周转速度的两种指标　由于资本主义生产的目的是预付资本的增殖,所以要分析周转对价值增殖的影响,就要分析这个**预付**资本的周转。

在循环的三种形式中,$G\cdots G'$ 和 $P\cdots P$ 都是以预付资本价值为起点的周转;相反,在 $W'\cdots W'$ 中,起点不是预付资本的价值,而是已经增殖的资本价值,所以在考察资本周转时,$W'\cdots W'$ 这个形式是不适用的。又因为生产资本 P 的不同的组成部分具有不同的周转方式和不同的周转时间,因而这里主要分析 $P \cdots P$。

预付资本周转的中心问题是周转的速度问题。所谓周转速度无非是一次周转经历多少时间或一定时间内周转多少次数。因此,资本的周转速度可以用周转时间或周转次数来表示。

资本的周转时间,也就是《资本论》第 2 卷第五章讲过的一次循环所经历的时间,它等于生产时间与流通时间之和。

周转时间与周转速度成反比。周转时间越短,周转速度就越快;周转时间越长,周转速度就越慢。

周转次数是在一定时间内,通常是指一年内,资本价值周转的次数。周转次数与周转速度成正比。周转次数越多,周转速度就越快;周转次数越少,周转速度就越慢。

如果用符号 U 表示一年(或 12 个月,或 52 周,或 365 天),再用 u 表示周转时间,用 n 表示周转次数,则 $n = U/u$。例如,三个月周转一次的资本,也可以说这个资本一年周转四次 ($n = 12/3 = 4$)。

可见,周转时间与周转次数,只是同一周转速度的两种表现方法,而不是表示两个不同的周转速度。

固定资本和流动资本　周转速度的快慢受多种因素影响,首先遇到的是生产资本组成部分的不同影响,即流动资本和固定资本的不同影响。流动资本和固定资本的区别又来源于价值转移形式的区别。

1. 流动资本

除了投在劳动资料上的不变资本以外,生产资本的其余要素,一部分是由存在于原料和辅助材料上的不变资本要素构成,一部分是由投在劳动力上的可变资本构成。这些资本的价值转移形式是随着商品的生产一次转移全部的价值,这个特点规定了它们作为流动资本。

原料,一般会在物质上加入产品,并全部转移自身旧有价值,然后通过流通更新,它完全按照 $P \cdots W' - G' \cdot G - W \cdots P$ 进行周转。

一部分辅助材料,如充当燃料的煤炭等等,在劳动过程中消费掉,虽然在物质上不会加入产品,但它仍然和原料一样是流动资本。只要它们在形成产品时全部消费掉,它们也就和原料一样把自己的全部价值转移到产品中去,并通过流通使自己在实物形式上更新。

比较复杂的在于理解可变资本如何也是流动资本。作为可变资本的劳动力在发挥作用的时候,不是转移自身的价值,而是创造一个新价值加入到产品中去。产品中这个新价值部分可以分为相当于劳动力价值的等价物部分和剩余价值部分。撇开剩余价值不说,劳动力价值的等价部分会随着 $W'—G'$ 转化为货币,又随着 $G—W$ 再转化为劳动力。正因为可变资本在周转中也是一次转化全部的价值,也就被规定为流动资本。

但是在这里考察的是资本价值的周转形式。因此,和固定资本相对立而取得流动资本的规定性,不是工人的生活资料,也不是工人的劳动力,而是生产资本投在劳动力上的那部分价值[①]。这部分价值,由于它的周转形式,取得了流动资本的性质。

2. 固定资本

固定资本这个概念中的"固定"两字的含义也是由它的价值转移形式规定的。我们知道,投在劳动资料(厂房、机器等)上的预付资本价值,会比例于它的磨损程度转移到产品中去,余下的未转移部分仍然固定在该劳动资料中。这类资本有着独特的流通,它是价值的流通,并且是一部分一部分流通,未流通部分仍然固定在它里面,因此,这部分资本取得固定资本的形式。例如,一台10万元机器,每年按磨损转移1万元价值到产品中去,在未满10年之前,它的尚未转移的价值总是固定在这台机器之中。

我们只能按照这样的价值转移方式来确定这部分生产资本为

---

① 参阅:《〈资本论〉提要》第2册,上海人民出版社1978年版,第204—205页。

固定资本,而不应是其他什么标志。按照这个标志,一般说来,"一种产品之所以变为固定资本,只是由于它在生产过程中作为劳动资料执行职能。"(第179页)但也有例外情况,化肥虽不是劳动资料,但具有类似的价值转移方式。化肥投入土地以后,它的作用会延续若干个生产期间,它在每次生产期间只转移一部分价值,未转移的部分仍然固定在土地里面还未消费的化肥之中。

一些资产阶级经济学家不能科学地划分固定资本和流动资本,他们在概念上陷入一片混乱。除了把固定资本和流动资本混同于不变资本和可变资本这一根本错误外,他们还把物的固定性作为固定资本的标志。其实,不作为生产资本使用的房屋,它的不动性不能使它成为固定资本;另一方面,作为生产资本使用的机车、船舶、役畜等等,它们的可动性也不会使它们丧失固定资本的性质。这些经济学家还把那种由价值流通引起的形式区别混同于某些物品的物质属性,好像有些物品按它的物性属性,天生就是固定资本或天生就是流动资本。其实,同一物品,要看它在劳动过程中是作为劳动资料还是作为劳动对象,并且还要在资本价值形式下,才表现为固定资本和流动资本的区别。此外,还有人把商品生产期间长短作为标志,这也是错误的。例如,钢板在造船生产过程中"固定"时间虽长,它仍然是原料,并采取流动资本的形式,而不是固定资本。

上述固定资本的独特流通,还引起独特的周转。在 $P\cdots W'-G'\cdot G-W\cdots P$ 的前一半中,生产资本 P 的固定资本部分的一部分价值转入产品 W' 中,随着产品 W' 的流通转化为货币 G' 的一部分,这是它独特的流通。但这笔货币要作为折旧基金暂时贮藏起来,一直到它的物质成分全部损耗而需要更新的时候,才再投入流通,用来购买新的劳动资料。这种独特的周转就是 $G—W\cdots P$ 和 $P\cdots W'—G'\cdot G—W\cdots P$ 的后一半的 $G—W\cdots P$ 分道而行。

综上所述,可以得出如下结论:

(1) 固定资本和流动资本的区别产生于生产资本的不同周

转。周转不同又由于生产资本的不同组成部分有着不同的价值转移方式。价值转移方式不同则是由于生产资本借以存在的物质要素一部分是全部消费掉,另一部分是逐渐消耗掉。因此,固定资本和流动资本的对立"**只有对生产资本并且在生产资本之内**才是存在的"(第187页)。

(2) 固定资本周转一次,流动资本可以周转多次。

(3) 流动资本的价值是一次预付一次收回,它的使用价值在一次商品生产中全部消费,并通过流通一次更新。

(4) 固定资本的价值是一次预付分次收回,它的使用价值替换要到它寿命终结时才会发生。

二、流动资本的周转

第十二章到第十七章论述这一问题。

流动资本随着商品生产一次全部转移自身的价值,所以流动资本的周转时间与商品生产和流通的时间基本上是一致的。这个时间的构成(参阅前述资本循环所经历的时间)可见图5.1所示。

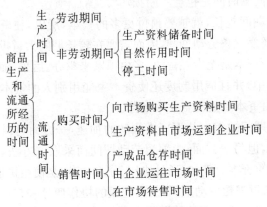

图 5.1 流动资本的周转时间

周转中各种时间对资本预付量影响

我们先从生产时间中的各种时间谈起。

1. 劳动期间

它是一定生产部门为制造单位成品所必须经历的互相联系的劳动日数目。

劳动期间的长短是由产品的使用价值属性决定的。社会产品万千种,生产每种产品所经历的劳动期间是不同的。棉纺业每日可以提供一定量产品,劳动期间较短;机车制造业、造船业劳动期间则相对较长。

在劳动期间,固定资本不管它的折旧率如何,总会留在生产过程中继续发挥作用。因此,这里基本上不涉及固定资本预付量问题。问题发生在流动资本方面。劳动期间的长短不仅会影响流动资本的预付时间,而且会影响流动资本的预付量。劳动期间越长,流动资本不仅较长时期被束缚在这段期间,而且还须按比例地投入新的资本,不断在工资、原料和辅助材料上继续预付下去。

劳动期间较长的生产部门,如果由于某些特殊原因(例如发生危机),使生产过程中断,"如果工程不继续进行,已经在生产上消费掉的生产资料和劳动,就会白白地耗费。即使以后工程恢复了,它在这段间歇时间里也会不断损坏"。(第257页)

劳动期间越长,就越要预付更多的资本,所以,在资本主义初期,一些需要很长劳动期间,因而需要在较长期间大量投资的重大项目,单个资本是无力经营的,多由国家来举办。后来,随着资本的积聚和集中,并且信用制度还使资本家能用别人的资本来预付的时候,才由资本主义的企业来经营。

劳动期间的缩短从而资本周转的加速,一方面可以减少资本的预付量,但另一方面,为缩短劳动期间而采取的方法,往往又要追加预付的资本。例如,通过协作、分工,特别是使用机器,既可增加产品,又可缩短劳动期间。但大规模的协作使过去在较长期间不断预付的资本集中在较短期间内预付,而机器的采用又使固定资本的预付量增加。

2. 自然作用的时间

它是产品使用价值在其形成过程中,往往要经历的一个自然作用的时间,起着物理的、化学的或生理的变化;在这个自然作用期间,劳动过程全部停止或局部停止。在这个过程中,生理变化时间较难缩短,因此自然作用的时间在种植业较难缩短。加工工业则不同,它可以用物理的、化学的办法来缩短物理或化学变化的作用时间,只不过为此而预付的资本要相应增加。

但是,就自然作用时间本身来讲,它只影响流动资本的预付时间,而不像劳动期间那样还要不断追加流动资本的预付量,也就是说,流动资本的预付量不必比例于这段时间而增加。

农业中自然作用时间特别突出。越近极地,无霜期越短,气候越是不利,农业劳动期间,从而资本和劳动的支出,越是集中短时期内。生产期间和劳动期间的差距越大,农民不从事农业劳动的时间就越多,他们可以利用这部分时间从事副业生产。正因为这样,生产期间和劳动期间的差别成为农业和农村副业相结合的自然基础。

在旧社会,农业资金周转一次一般是一年。农民在劳动期间不断劳动,不断投入种子和肥料,但因较长的自然作用时间,要到秋收以后才能回收预付的流动资金。农民无力在较长时间内不断预付生产资料和生活资料,高利贷便乘虚而入。

农业中自然作用时间较长,还会使投在农机上面的固定资本经常闲置起来。它闲着不用的时候,仍然要按照损耗率转移价值,并且还要不断投下维修费用。这样,农产品中过去劳动的增加会超过因使用农机而节约的活劳动。这样使用农机不仅没有提高劳动生产力,反而降低了农业生产力。生产农机的部门,不仅要提供质量好的农机,还要提高劳动生产力以降低农机价值,而且要生产适应农业生产各个时期需要的工具机,并且使用单位又尽可能地提高农机的利用率,才能使农产品中过去劳动的增加小于活劳动的减少,才能使农业生产力真正提高,才能使产品价值不会变贵。

在农业生产中,采用多种经营、套种轮作的方法,一方面使工资和肥料、种子等比较均匀地支出;另一方面又使周期缩短。但若为此而过度使用土地,使土地的自然力遭到破坏,那么,事情又会走向反面,追加的劳动的技术生产力将补偿不了被破坏的劳动的自然生产力,预付的资本量增加了,资本的效能却降低了,也会发生增产反而减收的结果。

在林业中,自然作用的时间特别长。漫长的生长期间(只包括比较短的劳动期间),从而带来漫长的资本周转时间,使造林业不适合资本主义经营。"文明和产业的整个发展,对森林的破坏从来就起很大的作用"。(第272页)这一点也是值得深思的。

林业(畜牧业也有类似的问题)每年能流通的产品,只能占森林中极小的部分,留下的极大部分则仍然处在能动的自然生产过程,不仅不能采伐,而且应该保护。

3. 物资储备时间

生产资料储备的数量以及储备的时间既取决于生产过程的需要,又取决于流通过程的采购是否顺当。假定需要的原材料市场存货充裕,产地到销地交通又发达,买进来很方便,储备就可以减少,反之,就要增加。所以,流通领域所发生的这些情况,对于必须以储备形式存在的资本最低额,以及资本预付时间的长短,都会产生很大的影响。但不管怎样,资本家总要尽量使库存材料缩小到保证生产的正常需要,使资本不致积压在储备之中。

4. 停工时间

缩短停工时间可以大大提高固定资本的效能。一个企业如果实行三班制,从而尽可能缩短停工时间,就能提高厂房和机器设备的利用率。

再来看流通时间,它是由出售时间和购买时间决定的。

5. 出售时间

这段时间大致包含三个部分:商品资本的仓存时间,它运往市场的时间和它在市场上待售的时间。

商品资本的仓存时间越短越好,因为它不同于生产资料储备时间,不是为了生产进行而必要的时间。

商品资本运往市场的时间,是由产地和市场距离的远近,交通运输条件的好坏决定的。因此,就这部分时间来讲,缩短流通时间的主要方法是改进交通。到一个交通方便的地方,即使自然距离较远,比到一个没有先进交通工具的地方,运输时间反而更短一些,运输费用也会更便宜一些。

商品资本在市场上待售的时间是由市场的供求状况,由该商品是否适销对路,是否物美价廉来决定的。这又决定于该生产部门是否按社会需要的比例进行生产,以及该生产者是否善于节约而具有的竞争能力。

在流通时间中,由于 $W'—G'$ 最难通过,所以售卖时间一般比较长些。卖是关系到剩余价值实现问题,因此,卖比买更重要,但卖的时间又比较长,这是一个矛盾。

卖的时间比较长,长到怎样一个限度呢?显然,商品如果变坏了,在它们丧失使用价值同时,也就丧失作为交换价值承担者的属性,W' 中包含的资本价值和剩余价值也就统统丧失。一句话,坏掉的商品,根本不能卖了。卖的时间不能超过该商品的使用价值的存在时间。因此,易于腐化的商品(例如肉、蛋、奶、蔬菜、水果等鲜货),卖得越快越好,它的空间流通领域就越狭窄,它的销售市场越是带有地方性。它只有在大城市或运输工具发达的条件下,才成为资本主义商品生产的对象。

6. 购买时间

这是资本由货币形式再转化为生产资本的时间,它实际上是资本处在货币资本状态的时间。

购买时间的长短主要由原料供应地的远近以及交通运输条件所决定。在购买某些原料的时候,往往因产地较远,或因带有季节性,或因市场缺货以致购买时间随之延长。

再生产连续性与资本预付量 前面分别分析了生产时间和流通时间对预付资本量的影响,现在把这两部分时间综合在一起,从它们对比关系,即从周转时间的构成状况,说明为了保证生产的连续性,资本应有的预付量。

一个企业所需要的总资本的预付量是由该企业的规模和周转时间或周转速度决定的。在企业规模不变下,这个预付量就由周转时间或周转时间的构成状况来决定。具体说来就是,企业必须适应生产时间的长短投下一个货币资本Ⅰ,以转化为生产资本进行生产;企业还必须适应流通时间的长短投下另一个货币资本Ⅱ,仍然转化为生产资本(这时资本Ⅰ已脱离生产,转化为商品资本)使生产在流通时间不中断。这样,一个企业的预付资本量就等于预付资本Ⅰ＋预付资本Ⅱ。

可见,为了使生产不间断地进行,产业资本必须分割为两大部分,一部分作为生产资本处在生产期间的时候,另一部分就必须作为流通资本处在流通期间。换句话说,"资本的一部分,只有在另一部分脱离真正的生产而处于商品资本或货币资本形式的条件下,才能作为生产资本执行职能。忽视这一点,也就完全忽视了货币资本的意义和作用。"(第295页)

如果资本不分为两部分,生产过程就会在流通时间中断,暂且不说固定资本在闲置时会有更大的损耗,也不说必须全年支付的劳动更昂贵,"生产过程的这样一种有规则的中断,是和现代大工业的经营根本不相容的。这种连续性本身就是一种劳动生产力"(第312页)。为什么呢？我们知道,生产力包含着劳动力(A)和生产资料(Pm)两个因素,这两个因素必须结合才能使潜在的生产力因素变为现实发挥作用的生产力,才能使生产运动连续进行,因此,生产运动的连续性,从它的内容来讲,就是现实发挥作用的生产力。

又由于预付资本Ⅰ在它的循环运动中,不断回到货币资本形态上,它重新投入再生产过程时,因为已经有资本Ⅱ的投入,而暂时多出(游离)相当于资本Ⅱ的数量,以备生产过程结束时,再填补在流通时间将要中断的生产。这样,在周转中就不断有货币资本暂时游离出来。

在产业资本的运动中,不仅会有这种由流动资本周转而游离出来的货币资本,而且还有因固定资本的特殊周转以折旧基金形式存在的货币资本。所有这些货币资本还是信用制度的一部分基础。

价格变动的影响

最后,还要注意到,资本预付量的大小,除了受生产规模的大小和周转速度的快慢的影响以外,还受价格变动的影响。在周转过程中,价格变动不外是生产要素 $W<{}^{Pm}_A$ 的价格变动和产品 W' 的价格变动。在生产要素价格下跌或产品价格上涨时,其结果和流通时间缩短一样,会有货币资本游离出来;反之,在生产要素价格上涨或产品价格下跌时,就和流通时间延长一样,须追加资本。

可变资产的周转

前面一般分析了周转所经历的各种时间(从而周转速度)与资本的预付量的关系,也就等于分析了周转速度与资本的效率问题。

现在进一步分析周转速度与可变资本的特殊效率问题。就不变资本来说,周转速度加快,资本效率提高表现为同量资本在一年内可以生产和流通更多的产品,但它只转移自身的旧价值,并不因此能创造剩余价值。可变资本则不然,它在周转中也就是劳动力在使用中,劳动所创造的新价值,不仅能补偿可变资本(即完成可变资本自身的周转),而且能带来剩余价值。每周转一次就带来一次剩余价值 m,年周转 n 次就带来年剩余价值 $M=n\cdot m$。这样,就可以用年剩余价值率 M' 来表示预付可变资本 v 的特别效率,即

年剩余价值率 = 年剩余价值 / 预付可变资本

由此可以导出

$$M' = M/v = n \cdot m/v = n \cdot m'$$

年剩余价值率 M' 是年剩余价值 M 对预付可变资本 v 之比，即 $M' = M/v$；剩余价值率 m' 则是剩余价值 m 对同期实际使用的可变资本 v 之比，即 $m' = m/v$。要注意这两个比率的分母的不同性质，一个是预付的 v，一个是实际使用的 v，两者在周转次数 $n = 1$ 时，才正好相等，并且从上式可以看出，在 $n = 1$ 时，$M' = m'$。如果 $n \neq 1$，与年剩余价值 $M = n \cdot m$ 相应的实际使用的可变资本就不是 v 而是 nv，这样，剩余价值率应是

$$m' = nm/nv = m/v$$

这就是说，预付的 v 在它被实际使用 n 次时就变为 nv，每次带来一次 m，n 次就带来 nm，两者比率 m' 仍和使用一次时一样，仍然等于 m/v。以上这些还可以从书中例子得到证明。

假定有资本 A 与 B，每周雇佣同量的劳动力，都用了可变资本 100 元；剩余价值率也相等，都是 $m' = 100\%$，每周 $100v$ 都带来剩余价值 $100m$。这样，从一年（假定一年等于 50 周）来看，全年所用的可变资本额一样大，都等于 5 000 元。但由于两者周转速度不同，可变资本的预付量却不相同。资本 A 一年周转 10 次，即每 5 周周转 1 次，因此它只要预付 500 元（每周 100 元，5 周 500 元）就行了；资本 B 一年周转 1 次，也就是 50 周才周转 1 次，因此预付可变资本高达 5 000 元。

表 5.1

资　　本		A	B
预付可变资本	①	500	5 000
周转时间（周）	②	5	50

(续表)

资　　本		A	B
年周转次数	③	10	1
所用可变资本	④ = ① × ③	5 000	5 000
年剩余价值 M	⑤	5 000	5 000
剩余价值率 m'	⑥ = ⑤ ÷ ④	100%	100%
年剩余价值率 M'	⑦ = ⑤ ÷ ①	1 000%	100%

从表5.1中可以看出,为了生产和占有年剩余价值5 000元,资本 A 因周转速度等于资本 B 的10倍, A 的预付量就反比例地等于 B 的预付量的1/10, A 的500元起着 B 的5 000元的同等效能,也就是说,资本 A 的效率10倍于资本 B 的效率,这种效率的比较也可以从年剩余价值率的对比关系反映出来(M'_A : M'_B = 1 000% : 100% = 10 倍)。

以上是从单个资本 A 与 B 进行分析。现在再从社会的角度来考察两个生产部门的资本 A 与 B。

从社会的观点考察,周转时间较短和较长的两个部门的可变资本 A 与 B,它们在一年间推动的劳动力并无不同, A 与 B 的劳动者每年又都得到工资5 000元,并由此从社会取出同额的生活资料。但由于这两个部门的资本周转速度不同,它们对社会影响却不相同。虽然这两个部门每周都从市场上取走了相同的劳动力,取走了这些劳动力所需要的生活资料,取走了相应的劳动资料和劳动对象,但 A 能够每5周向市场提供自己的产品以补偿从社会上取走的商品,但 B 却不能, B 在一年之内,不断地从市场上取走各种生产要素,却没有把任何产品投入市场。

在资本主义社会,由于生产的无政府状态,这两类周转不同的产业部门易于比例失调,使经济生活不断发生紊乱。在社会主义社会,对周转速度很慢的部门,"问题就简单地归结为:社会必须预先

计算好,能把多少劳动、生产资料和生活资料用在这样一些产业部门而不致受任何损害。"(第350页)

三、固定资本的周转

由于"科学、巨大的自然力、社会的群众性劳动都体现在机器体系中"[①],"社会生产力是用固定资本来衡量的"[②],所以,固定资本的周转和社会生产力的发展是分不开的。以下也分三个问题来说明。(见第八章第Ⅱ节)

损耗和损耗率 固定资本有各种各样的组成部分,它们因损耗不同而有不同的寿命,从而有不同的周转速度。但是,不管它们的损耗有什么量的差别,损耗本身总是由以下原因造成的。这些原因不外是影响固定资本的物质要素方面和价值方面。

就固定资本的物质要素(使用价值)方面的损耗来讲,也可以分为两种情况:其一是由于使用引起的磨损,例如机器在正常运转时也会有磨损,使用越多,磨损也越多,如"带病"运转磨损就会超出平均磨损;其二是由于自然力侵蚀造成的损耗,例如机器不用还会生锈等等。这两种损耗都是物质上的损耗,是看得见摸得到的,所以又叫有形损耗。

就固定资本的价值方面的损耗来讲,也可以分为两种情况:其一是由于生产劳动资料的部门劳动生产力提高,带来了固定资本价值的贬值,例如织布厂以5 000元购进一台织布机,不久纺织机械厂提高了劳动生产力,使这种织布机价值下降到4 000元,织布厂的那台织布机就贬值了1 000元;其二是由于生产劳动资料的

[①] 《资本论》第1卷、《马克思恩格斯全集》集23卷,第464页。
[②] 《马克思恩格斯全集》第46卷(下),第210页。

部门生产了性能更好、效率更高的新机器,例如新生产出来的织布机即使价值没有变化但效率更高了,那旧式的织布机也会发生价值贬值。这两种都是价值上的损耗,不是物质形式上的损耗,所以又叫无形损耗。

既然损耗不仅包括有形损耗,而且包括无形损耗,因损耗而决定的固定资本的寿命就不仅是物质上的寿命,而且是价值上的寿命。一部机器的寿命10年,并不等于说经过10年这部机器在物质上已经不能使用了,而是说,和一部价值低廉技术先进的新机器相比较,它的寿命也缩短了。

既然固定资本的寿命要从物质损耗和价值损耗两重作用的结果来决定,由这种寿命长短来决定的固定资本的周转速度也应该由这两重损耗来决定。

这个周转速度用周转时间来表示就是固定资本的周转时间,它是由固定资本再生产的时间,由固定资本的寿命直接决定的。在资本主义生产方式中,固定资本再生产或周期更新,就社会范围讲,还是生产过剩经济危机之所以具有周期性的物质基础[①]。

这个周转速度用年周转次数来表示就是固定资本的损耗率或折旧率,它等于固定资本周转时间的倒数。例如,一部机器周转时间为10年,它的年周转次数(损耗率或折旧率)就等于1/10或10%。这里也要特别注意到,由于损耗的双重含义,客观存在的实际损耗率也是物质损耗率和价值损耗率的综合,一个企业的折旧率就应该由固定资本的实际损耗率来决定,而不能由主观的随意性要定多少就定多少。

假定厂房机器按实际损耗率转移到产品中的价值为 $40c_1$,原料和辅助材料转移的价值为 $60c_2$,补偿工资的价值为 $40v$,剩余价值(或利润)为 $40m$,则产品价值构成为:

---

① 参阅:《〈资本论〉提要》第2册,上海人民出版社1978年版,第210—213页。

$$40c_1 + 60c_2 + 40v + 40m = 180$$

如果折旧率定的过高,以致折旧费不等于 $40c_1$,而是 60,即等于 $40c_1 + 20$,这过多的 20 只能来自 $40m$ 的扣除,这个企业就人为地夸大了成本,掩盖了一部分利润。反过来,如果折旧率定的过低,以致折旧费也不等于 $40c_1$,而是 $20c_1$,那实际的补偿费用 $40c_1$ 就有一半($40c_1 - 20c_1 = 20c_1$)作为虚假的利润而存在,这个企业就人为地缩小了成本,夸大了真正的利润。

总之,必须根据固定资本的物质损耗率和价值损耗率综合确定合理的折旧率,才能保存生产力和发展生产力。

如果忽视价值损耗率,只从物质损耗率来拟定折旧率,折旧率就会偏低。其结果从眼前来看,它使一部分补偿费用作为虚假的利润花掉了,实际上这不是花掉利润,而是吃掉"老本";折旧率偏低,从长远来看,意味着固定资本长期不能更新,技术老化,生产力不仅得不到发展反而衰退。

折旧基金是补偿基金

固定资本的损耗需要价值补偿与物质替换。

固定资本按照它平均损耗的程度把它的相应的价值转移到产品中去,并通过产品的出售,转化为货币,以折旧基金的形式累积起来,这就是价值的补偿过程。

由于固定资本有着不同的物质替换形式,相应地也就有着不同的价值补偿形式。

有的固定资本的物质成分要在寿命结束时才一次替换。例如一匹马不能一部分一部分替换,只能用一匹马来替换。在这种情况下,价值补偿采取基本折旧基金的形式。

有的固定资本的物质成分可以一部分一部分替换,它的价值补偿则采取大修理折旧基金的形式。这种局部更新又有两种情况,一是同种组成部分(如铁轨、枕木等)的部分替换,一是不同种组成部分(如厂房的不同部分、机器的部件等)的部分替换。

在物质替换的过程中,折旧基金,可以用来扩建厂房,添置机器,或用于改革机器以提高机器效率,其结果就发生了规模扩大的再生产[①]。对这个问题有两点值得注意:(1)这是由固定资本的价值补偿,也就是由价值的简单再生产所带来的使用价值的扩大再生产,它不是由追加投资进行积累,即不是由价值的扩大再生产所带来的使用价值的扩大再生产。这个事实表明积累不是扩大再生产的唯一源泉,虽然积累对扩大再生产极为重要。(2)这样运用折旧基金,只是相对于原有的固定资本的物质要素进行更新改造,从而发生使用价值扩大再生产,而不是挪作其他项目上进行新的投资。折旧基金仅仅是补偿基金,而不是积累基金,"这种规模扩大的再生产,不是由积累……引起的",而是由固定资本补偿的价值"再转化为追加的或效率更大的同一种固定资本而引起的"。(第192页)

这里讲的转化为"同一种固定资本",就是说不能挪作别用。这里讲的"不是积累……引起的",就是说补偿基金不是用作追加投资的积累基金。

维持和修理 固定资本的维持,要求有追加的劳动。机器必须擦洗,没有这种擦洗劳动(物化劳动和活劳动),机器就会变得不能使用。这种劳动不是对机器所包含的劳动的补偿,而是追加的劳动。投在这种劳动上的资本属于流动资本,它按年平均计算,分摊到产品价值中去。

固定资本的修理,指的是真正的修理。这不是前面讲的大修理,大修理实际上是局部的更新,不是真正的修理。真正的修理是指机器在使用中突然遇到损伤而要进行的修理。这种修理和固定资本的维持一样,也要有追加的资本和劳动,也把它算作流动资本,也按一定时期平均计算,分摊到产品价值中去,固定资本的维持和修理起着保护生产力的作用。

[①] 参阅:《〈资本论〉提要》第2册,上海人民出版社1978年版,第205—210页。

四、预付资本的总周转

我们知道,固定资本和流动资本是以不同方式、不同期间而周转的。并且,在同一个企业内,不仅固定资本的各个组成部分,会因寿命不一,有不同的再生产时间,以致有不同的周转期间;流动资本的各个组成部分,也会因储备时间的有无和长短引起周转的差别。那么,预付资本的总周转应该怎样去测定呢(见第九章)?

预付资本的总周转,是它的不同组成部分的平均周转。

在这里,各个组成部分的个别周转,不仅有周转时间的量的差别,而且在周转的方式上有质的差别。流动资本一次转移价值,接着就是物质替换;固定资本一部分一部分转移价值,它的物质替换,有的采取较短年限更换部件的形式,有的要经若干年后才完成全部的物质更新。因此,在计算平均周转的时候,必须把固定资本不同部分的特殊周转化为周转的同种形式,使它们只有量的差别,即周转时间的差别。

这样,我们就可以计算出预付资本各个组成部分的平均周转。从下面例子可以看出,这个平均数决定于各组成部分的周转速度及其所占比重。这个例子还告诉我们,即使固定资本占有很大比重,但若流动资本有很快的周转速度,一年内周转的资本价值还是能大于预付资本的总价值。

表 5.2

生产资本	预付量	比 重	年周转次数	年周转额
固定资本	80 000	80	1/10	8 000
流动资本	20 000	20	5	100 000
合 计	100 000	100	1.08	108 000

预付资本的总周转 = 年周转价值 / 预付资本量 = 108 000/

100 000 = 1.08(次)

或 = 100 000/108 000 = 0.926(年)

就是说,这项预付资本每年周转 1.08 次,或者说,每周转一次需时 0.926 年(约 11 个月)。

以上计算,抽去了生产资本不同组成部分在周转方式上的质的差别,只考察价值周转的量的差别。因此,预付资本的价值周转,是和它的实际再生产时间,或者说,和它的各种组成部分的现实周转时间相分离的。

用上面例子来说,预付资本的价值平均每 11 个月周转一次,但实际上,流动资本 2 个多月(12 月/5 次 = 2.4 月)就周转一次,固定资本则随它的寿命要 10 年才周转一次。所以,相对于固定资本的周转,预付资本价值必须在多次周转中通过一个周期;在上述例子中,就是一个 10 年周转的周期。这个周转周期,是由所用固定资本的寿命时间,它的再生产时间或周转时间决定的。

流动资本周转速度较快,投资少,见效快。固定资本则与此相反。但固定资本的物质要素(机器等技术设备)是科学技术的物化,是提高劳动生产力的物质条件,因而又不得不对此有所投资。因此,决不能因为固定资产周转较慢就不投资。只要一方面能加速商品再生产和流通,从而加速流动资本的周转,另一方面又能提高固定资本的利用率,企业资本的总周转速度还是会快的。

五、再生产和流通的速度规律

国民经济发展速度主要包括两方面:一是由开发生产力源泉到形成直接生产力的基本建设速度;二是由已经形成的生产力所带动的再生产和流通的速度。并且,基本建设速度还可以看作建筑业产品的再生产和流通速度。如果说,劳动生产力变动的规律反比例地体现在单位产品劳动耗用量上面,那么,经济速度变动的规律就反比例地并综合地体现在单位产品劳动耗用量特别是劳动的占用量上面。

劳动生产力越高,耗用在单位产品中的劳动量越少,价值也就越小,这个价值形成规律现在有如下的具体补充:再生产的速度越快,一年中生产的产品也就越多,同额的固定资产折旧费将分摊到更多的商品中去,其他一些费用(如仓储费用)也因此得到节约,使商品中劳动的耗用量进一步减少(也就是使资金的耗用量减少)。不过,这仍然是生产力规律与价值形成规律的问题,它是速度规律中的共性问题。

速度规律的特殊性在于:为生产和流通一定量(或单位)商品所占用的劳动量(表现为资金的占用量)与生产和流通的速度成反比。也就是说,在一定生产规模下,一个企业再生产速度越快,也就是资金周转越快,资金的占用量就越少。后面在论述利息时,可以看到,这一规律将会通过价值分配规律来实现,也就是通过商品价值的一部分被分配为利息的规律来强制地实现。

具体说来,在这里,重要的是揭示了这样一个规律:在生产规模和价格不变下,资金周转速度和资金的预付量成反比;从而资金周转速度和资金的效率成正比。特别对流动资金中的可变资金的周转来说,周转越快带来的剩余价值就越多,年剩余价值率这一指标就是用来标志可变资金的效率的。

在分析速度问题时,特别要注意流动资金和固定资金的不同特点。

流动资金的周转速度基本上由商品生产和流通所经历的时间来决定,只要缩短商品生产和流通的时间,就能提高流动资金的使用效率。缩短生产时间的主要方法则是提高劳动生产力,缩短流通时间的主要方法是改进交通。

固定资产的周转速度由它的物质损耗和价值损耗来决定,或者倒过来讲，由它的实际损耗率（物质损耗和价值损耗的综合损耗率）来决定。应该由固定资产的实际损耗率来拟定固定资产的折旧率。

固定资产的折旧基金属于商品价值构成 $c+v+m$ 中的 c 的范围，不属于 m 的范围，因而它的性质是 c 的补偿基金，而不能作为 m（剩余价值）转化为追加资金的积累基金。当然，折旧基金和特定含义的积累基金也不是一无联系。在固定资产没有更新以前，折旧基金是储藏货币，如果把它存入银行收取利息，利息再用于扩大再生产，那应当算作特定含义的积累，因为利息是剩余价值的分割部分。但是，这也只是它的利息的性质，它本身（折旧基金）仍然是补偿基金，而不是特定含义的积累基金。

固定资产的更新改造属于价值的简单再生产，它和用特定含义的积累基金追加投资去扩大固定资产再生产，又有着怎样的关系呢？显然，应当先保证价值的简单再生产，有余力再进行积累和扩大再生产。这个关系应当表现在基本建设投资上面。基本建设投资（或称基本投资）就是固定资产投资，包括固定资产的简单再生产和扩大再生产。如果把基本建设仅仅规定为"固定资产的扩大再生产"，而把固定资产的简单再生产排除在外，就会导致管理混乱、战线过长。因此，在基本建设计划安排上，不仅要包括固定资产的简单再生产，而且要放在优先的地位，也就是要把人力、物力、财力优先用于现有企业的更新改造上面，资金效率才会提高。

第六章 社会总资本的再生产和流通

按照由分析到综合的方法,前面分析了单个资本的再生产和流通运动,现在,综合说明作为单个资本运动的总体的社会总资本的再生产和流通运动。这是《资本论》第2卷第三篇叙述的问题,这一篇由四章组成。其中第十八章导言,首先叙述第1卷和第2卷前两篇从而本篇的对象,然后侧重论述内含的扩大再生产。第十九章批判古典学派的再生产和流通理论。第二十章在扬弃古典学派的基础上建立起马克思的再生产和流通的理论。第二十一章侧重说明外延的扩大再生产。

一、导 论

叙述的对象　　按照从本质到现象、从抽象到具体的叙述方法,《资本论》各卷各篇的叙述对象是逐步展开的。

在资本的再生产和流通运动中,第1卷首先叙述了其中的直接生产过程。"资本的直接生产过程,就是资本的劳动过程和价值增殖过程。这个过程的结果是商品产品,它的决定性动机是生产剩余价值。"(第389页)

第1卷第二篇到第六篇,先把资本主义生产过程作为孤立的过程,即在资本的无限运动中抽出一个片断(一次生产过程),而与无限运动孤立起来的过程，分析了剩余价值的生产。然后在第七篇，又把它不作为孤立的过程，而作为不断反复的过程，作为再生产的过程，分析了剩余价值转化为资本的过程（即资本积累过程或资本自身的生产过程）。由于第1卷叙述的对象限于直接生产过程，所以，资本在流通过程所经历的价值形态变化和使用价值的物质变换被假定为前提，而没有进一步加以论述。在那里，涉及到流通领域的唯一行为，只是作为资本主义生产的基本条件的劳动力的买卖。

但是，"资本的再生产过程，既包括这个直接的生产过程，也包括真正流通过程的两个阶段，也就是说，包括全部循环。这个循环，作为周期性的过程，即经过一定期间不断地重新反复的过程，形成资本的周转"（第389页）。因此，第2卷前二篇就从循环和周转问题对第1卷作了补充。

第一篇和第二篇考察的只是单个资本的再生产和流通，只是社会总资本中一个独立部分的运动。现在这个第三篇则要综合叙述由这各个独立部分的运动的总和所构成的、即由单个资本的周转的总和所构成的社会总资本的再生产和流通。并且，由于直接生产过程已经在第1卷叙述过了，第2卷主要是进一步叙述和直接生产过程联系的流通过程。因此，本篇所要考察的社会总资本运动，着重点不在作为直接生产过程的再生产过程，而在作为再生产的媒介和条件的流通过程。简单地说，本篇论述的对象"就是考察这个社会总资本的流通过程"（第392页）。

我们不要把社会总资本的运动简单地理解为各个单个资本运动加在一起的数学意义的总和，而要看到"各个单个资本的循环是互相交错的，是互为前提、互为条件的，而且正是在这种交错中形成社会总资本的运动"（第392页）。特别值得注意的是这种交错又正好寓于社会总资本的流通过程之中。各个单个资本的运动，它们的直接生产过程具有相对的独立性，但在流通中，它们中任何一个资本的卖和买就是另两个资本的买和卖,它们是在流通中相互交错的,正是这种交错形成社会总资本的运动。这种交错和商品流通是一回事情,但作为产业资本的流通中的买和卖的交错又本质上不同于简单商品流通,它还以资本主义生产和再生产为条件。另一方面,它又是再生产的媒介,为使生产过程不断更新,就必须顺利地通过流通过程。

我们还要注意到,由各个单个资本运动的总和构成的社会总资本运动的新的特点。单个资本的运动只包含生产的消费(直接生产过程)和作为媒介的流通,因而只包含资本的流通。社会总资本的运动则不仅包含生产的消费和作为其媒介的流通,而且包含个人的消费和作为其媒介的流通。这是因为社会年总商品产品不仅包含着作为生产资料的产品,而且包含着作为生活资料的产品,如果没有个人的消费(通过工人用工资购买,资本家用剩余价值购买作为媒介),年总产品中的作为生活资料的产品便不能实现,社会总资本运动便会中断。但是,作为个人的消费的媒介的流通只属于一般商品流通,因此社会总资本的运动不仅包括资本的流通,而且包括那不形成资本的一般商品的流通。

又因为个人的消费包含着资本家用剩余价值购买生活资料,所以社会总资本的流通还包含着剩余价值的流通。

货币资本的作用　从产业资本三种循环形式来看,货币资本的作用就从三个方面显示出来。

第一,从单个资本的货币资本循环形式 $G—W<^{Pm}_{A}\cdots P\cdots W'—G'$ 来看,货币资本是运动的起点,"它表现为发动整个过程的第一推动力"。(第393页)并且,从货币资本的反复循环即从再生产过程来讲,它还是下一次循环开始的持续的推动力。因为生产资本 P 是由商品 $W<^{Pm}_{A}$ 转化来的,而商品 $W<^{Pm}_{A}$ 必须用货币一再购买。这不仅就单个资本而且就社会总资本来说也是这样。

但是,正如第1卷已经指出的,由此决不能得出结论说,资本发挥作用的范围从而生产规模的绝对界限,是由执行职能的货币资本的大小决定的。其实不增加货币资本的数量,或者不按比例增加货币资本的数量,仍然可以扩大再生产的规模。从第1卷第二十二章第四节和第2卷第十八章第二节可以知道,货币资本转化为生产资本之后,这种可能性来源于生产资本所具有的扩张能力。这可以从以下几方面看到。

1. 充分利用决定生产力的因素(劳动力、自然力、劳动资料等)

(1)在工资不增或不按比例增加的情况下,通过延长劳动日或提高劳动强度来加强对劳动力的剥削;(2)加强对自然资源(土地、广义的土地:包含江河、湖泊、海洋、矿山、森林)的综合利用。"资本一旦合并了形成财富的两个原始要素——劳动力和土地,它便获得了一种扩张的能力"[①],这种扩张能力能把再生产的规模扩大到超出资本价值量所确定的范围;(3)提高固定资本的使用率,从而更充分地利用科学技术力。所有这些情况,都可以扩大再生产而不必相应地扩大货币资本的预付量。

2. 提高劳动生产力

这或者是运用科学技术的方法以提高劳动的科学技术生产力,或者是用协作的方法以提高劳动的社会生产力,都会使生产扩大,也不需要追加资本的支出。

对科学技术的进步的运用,在固定资本更新时,旧机器被效率更高的、价格更便宜的机器所代替。这时,并没有增加新的投资,只不过旧有资本以生产效率更高的形式再生产出来,从而带来再生产规模的扩大。科学技术的进步还可以使原料和辅助材料得到充分利用,也无须追加资本而扩大再生产。

至于用协作的方法以提高劳动生产力从而扩大再生产,也无

---

① 《资本论》第1卷、《马克思恩格斯全集》第23卷,第663页。

需追加可变资本的支出问题,这在第1卷第十一章就讲过了。那里指出,假定资本家雇佣100个互不相干的工人,"他支付的是100个独立的劳动力的价值,而不是100个结合劳动力"①。又说,"只要把工人置于一定的条件下,劳动的社会生产力就无须支付报酬而发挥出来"②。

劳动生产力的提高,如果不包含资本价值的追加支出,当然首先只是增加产品的量,而不是增加产品的价值。就是说,只是使用价值的扩大再生产,还不是价值的扩大再生产。但是扩大了的使用价值会转化为新的资本材料,转化为吸收新的更多的剩余劳动的物质材料,从而也会导致价值的扩大再生产。也就是说,"劳动生产力的提高同时形成新的资本材料,从而形成资本积累扩大的基础。"(第395页)

劳动生产力是和生产的社会化规模联系在一起的,生产的大规模进行又要求单个资本预付大量货币资本。资本集中解决了这个问题,单个资本的量,在社会资本的总量不增加时,可以通过资本在少数人手中的集中而增大。

3. 缩短周转期间

前一篇讲过,只要缩短周转期间,就会让同量的货币资本推动较多的生产资本,从而扩大再生产。

总之,这一切显然与真正的货币资本问题无关。这只是表明,预付的货币资本在转化为生产资本之后,生产资本的物质要素包含着生产的潜力,这个潜力的界限,不是由这个预付货币资本的价值界限规定的。这些潜力表现为一定量生产资本在生产上的伸张力。

这里还要注意到,虽然提高资本效率、发掘企业潜力,主要是

---

① 《资本论》第1卷,《马克思恩格斯全集》第23卷,第370页。
② 《资本论》第1卷,《马克思恩格斯全集》第23卷,第370页。

进行内含的扩大再生产,但也能用于外延的扩大再生产。例如,在生产资料价值下降时,固定资本可以在更新中转化为更多的物质形式从而扩大再生产的规模(见第192页)。又如,在资本加速周转时,同额货币资本可以推动更多的生产资本等等。

第二,从单个资本的生产资本的循环形式 $P\cdots W'—G'—W\cdots P$ 来看,由于再生产以流通 $W'—G'—W$ 为媒介,周转时间不仅包含生产期间而且包含流通期间,为了使生产在流通期间不中断,还必须投下一个资本Ⅱ。货币资本这个特殊作用已经在第十五章叙述过了(见第295页)。这个资本Ⅱ的追加,只是转化为生产资本填补流通期间的空隙,使生产按**原有规模**继续进行,而没有扩大再生产。但若能缩短流通时间,这个资本Ⅱ就可以减少,从而可以腾出一些资本用于扩大再生产。这是流通过程的"潜能"。

另一方面,就资本Ⅰ来讲,劳动期间越长,就越要预付更多的货币资本。所以,在这样的情况下,生产取决于单个资本家拥有的货币资本的量。但是,这个限制被信用制度(资本不够可以借钱经营)和与信用制度相联系的联合经营(资本不够可以合股经营,例如股份公司)打破了。

第三,从社会总资本的商品资本的循环形式 $W'—G'—W'\cdots P\cdots W'$ 来看,由于起点的 W' 和通过点的 W' 是一回事情,都是同年的年总商品产品,在流通 $W'—G'—W'$ 中不过是借助货币资本 G' 作为媒介来实现 W' 交错的交换。所以,在社会总资本的流通中,货币资本起着媒介作用。货币资本的这种媒介作用类似货币在一般流通中的媒介作用。但在自身的运动形式上又具有新的特点。在一般流通中,"商品流通直接赋予货币的运动形式,就是货币不断地离开起点,就是货币从一个商品所有者手里转到另一个商品所有者手里,或者说,就是货币流通。"[①] 在社会总资本的流通中,货

---

① 《资本论》第1卷、《马克思恩格斯全集》第23卷,第134页。

币资本是作为预付的资本,既然是预付的,它最终就会再回到它的出发点。预付货币资本在起了媒介作用之后,不是不断地离开起点,而是又流回到预付者的口袋中去。

二、简单再生产和流通

简单再生产和流通包含着再生产和流通的一般规定性,扩大再生产和流通不过是简单再生产和流通的展开。因此,按照从简单到复杂、从一般到特殊的叙述方法,先分析简单再生产和流通。

又因为马克思关于再生产和流通的一般原理,是在扬弃古典学派的基础上建立起来的,因此,在论述再生产和流通的一般原理之前,先在第十九章评介"前人对这个问题的阐述"。马克思首先批判地继承重农学派创始人魁奈对有关问题的理论。魁奈对社会总资本的再生产和流通的理论主要概括在《经济表》中。马克思在批判《经济表》把社会生产分为农业和工业两大部门的基础上,将社会生产分为生产资料的生产和消费资料的生产两大部类[①]。接着,马克思又批判了英国古典学派的斯密教条。斯密教条把商品价值分解为 $v+m$,也就是在商品价值中抛掉不变资本 c。这样,全部产品都将作为收入用于个人消费,没有生产资料用于生产消费了。马克思纠正了斯密的上述错误,指出社会生产不仅分为两大部类,而且由于劳动二重性的作用(同一劳动作为抽象劳动创造新价值 $v+m$,作为具体劳动转移旧价值 c),两大部类的年商品产品都会分解为 $c+v+m$[②]。这样,就为再生产理论建立起两个基本前提。

---

① 参阅:《〈资本论〉提要》第 2 册,上海人民出版社 1978 年版,第 216—223 页。
② 同上书,第 223—224 页。

产品实现是中心问题　作为社会总资本再生产的媒介和条件的流通的核心问题是年产品 W' 的实现问题，W' 从卖来看是价值补偿问题，从买来看是物质补偿问题。

既然分析的对象是年产品 W' 的实现运动，显然，我们应当分析的是 $W'—G'—W'\cdots P\cdots W'$ 这个循环形式。

对实现问题的分析会遇到两个方面的困难：从价值方面说，劳动者一年创造的价值只是 $v+m$，怎能买到年总产品 $c+v+m$ 呢？或者说这当中的 c 如何得到补偿呢？从使用价值方面说，已经消耗的生产资料，必须投下新的劳动把它再生产出来，但新的劳动只能形成 $v+m$ 部分不能创造 c，再生产生产资料及其价值由谁提供这方面的劳动呢？前一问题已经在批判斯密教条中解决了，后一问题将在社会总产品再生产和流通中解决。

马克思关于劳动二重性和商品二重性的学说是解决实现问题的理论前提。

社会年总产品，从使用价值看，分为生产资料 Pm 和消费资料 Km，从而社会总生产也就分为生产生产资料的生产部类（第Ⅰ部类）和生产消费资料的生产部类（第Ⅱ部类）；另一方面从价值看，每一部类的总产品都分为三个组成部分，即 c、v 和 m。

下面就根据这样的结构去分析年总产品的实现问题。

年总产品的基本交换关系　我们以下列公式作为分析简单再生产的模式，并且假定产品按价值交换，生产资本的组成部分（Pm 和 A）也不发生价值波动。如果一年总商品的构成为（见下页图）：

它们的基本交换关系可分为三大要点，即下列公式中的①两大部类之间的交换，②第Ⅱ部类内部的交换，③第Ⅰ部类内部的交换。现在分别叙述如下。

1. 两个部类之间的交换：Ⅰ$(v+m)$ 和 Ⅱc 的交换

在上述三个基本交换关系中，Ⅰc 和 Ⅱ$(v+m)$ 各自在本部

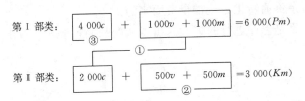

类内部交换而实现,所以实现的主要困难不在这两个各自的内部交换,而在于两个部类之间的交换,即 $I(v+m)$ 和 IIc 的交换。

我们知道 $I(v+m)$ 的实物形态是 Pm,IIc 的实物形态是 Km。经过互相交换之后,第II部类的资本家售出或实现了他们的相应部分的产品(消费资料),又替换了耗去的生产资料;第I部类的资本家售出或实现了他们的相应部分的产品(生产资料),又使 $I(v+m)$ 转化为一种可以作为收入来消费的实物形式(消费资料)。

这种交换,并不是物物交换,而是以货币为媒介来进行的。这种流通,包括着两个部类的各单个资本家之间的无数个别的买和卖。这里所需要的货币,既可能由第I部类资本家也可能由第II部类资本家来预付,也可能由双方各预付一部分。但结果总是一样:产业资本为媒介成他们自己的商品流通而投入流通的货币,总会按照他们的预付量,流回到各人手里。由此还可以顺便推出:由于社会上大量的流通货币是属于以银行等形式组织和积累的货币资本部门,如果银行以贷款形式将货币形式的资本价值预付给产业资本家,那就不管这个货币在流通中经过多少次转手,这种货币的真正复归点仍然是这个银行。

三、扩大再生产和流通

按照从简单到复杂的叙述方法,现在在前述简单再生产的原理基础上阐述扩大再生产。这里讲的扩大再生产是由积累带来的,即由剩余价值转化为追加投资而来的。

积累是怎样进行的呢？这可以从商品循环形式中看出：

$$W'\begin{cases}W\\-G'\\w\end{cases}\begin{cases}G\\g\end{cases}\begin{cases}\\g_1\\g_2\end{cases}-W\begin{cases}Pm+\\A+\end{cases}\boxed{\begin{array}{c}\Delta Pm\\\Delta A\end{array}}\cdots P\begin{cases}c+\\v+\end{cases}\boxed{\begin{array}{c}\Delta c\\\Delta v\end{array}}\cdots W''$$

货币积累　　　　　　实际积累

先就单个资本家来讲，他的商品资本转化为货币资本(即 $W'-G'$)，W' 中包含的代表剩余价值的剩余产品 w 也随之转化为货币 g。资本家把这样转化为货币的剩余价值 g 分为两部分(g_1 和 g_2)，g_1 用于积累，g_2 用于消费。g_1 用于积累就是作为追加的货币资本和原有资本价值 G 一起，用于购买 $W<^{Pm+\Delta Pm}_{A+\Delta A}$。$g_1$ 用于购买追加的生产资料 ΔPm 和追加的劳动力 ΔA，成为追加生产资本 $\Delta c+\Delta v$ 的实物要素，g_1 也就转化为生产资本，实现了积累。积累从而扩大再生产（即 $P<^{c+\Delta c}_{v+\Delta v}\cdots W''$)，其结果提供更多的产品 W''。这样在单个资本上面发生的积累，一定也会出现在全年的社会总产品再生产上面。

在积累的过程中，问题在于用于积累的剩余价值 g_1 是否能够顺利地转化为追加生产资本的物质要素 ΔPm 与 ΔA。这里要假定：(1)在一定技术条件下，为了购买足够的 ΔPm 和 ΔA，不是任何数量的 g_1 都能办得到的，g_1 必须贮藏到一定的数额，就是说，在**实际积累**以前，必须有一个先行的**货币积累**。(2)另一方面，从被购买的 ΔPm 和 ΔA 看，这些追加的生产资本的实物要素，必须是在市场上可以买到的商品。其中，追加的劳动力 ΔA 是早已存在的，追加的生产资料 ΔPm 也应是由再生产的机构安排好了的。因此，货币之所以能引起扩大再生产，只"是由于再生产扩大的可能性在没有**货币**的情况下就已经存在；因为货币本身不是实际再生产的要素。"(第552页)这一原理非常重要，如果没有追加的生产资

料 ΔPm,光靠增发货币来进行"积累",结果不仅不能扩大再生产,反而会破坏原有的生产规模。

这个问题的实质是说,两个部类不能各自孤立地进行积累,它们必须进行交换,而且要平衡地发展,才能得到实现。那么,两部类的平衡公式或实现条件又是怎样呢?

两部类积累实现的条件 我们知道,在积累的情况下,剩余价值要分为积累和消费两大部分,其中积累部分又要分为追加的不变资本(Δc)和追加的可变资本(Δv)两部分,又假定资本家消费的部分是剩余价值的 $1/x$ 即 m/x,则有剩余价值 $m = \Delta c + \Delta v + m/x$。其中,积累量 $= \Delta c + \Delta v$,积累率 $= (\Delta c + \Delta v)/m$;在资本有机构成不变情况下,$\Delta c/\Delta v = c/v$。这样,两大部类的组合可以写为

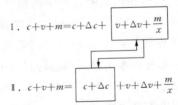

其中,Ⅰ$(c + \Delta c)$ 在第Ⅰ部类内部实现;Ⅱ$(v + \Delta v + m/x)$ 在第Ⅱ部类内部实现;两大部类之间交换的则是 Ⅰ$(v + \Delta v + m/x)$ 和 Ⅱ$(c + \Delta c)$。因为 Ⅰ$(v + \Delta v + m/x)$ 是Ⅰ的产品(生产资料)所代表的Ⅰ的工人和资本家的收入部分,它要转化为消费资料;Ⅱ$(c + \Delta c)$ 是Ⅱ的产品(消费资料)所代表的Ⅱ的不变资本部分,它要转化为生产资料。如果这两方面相等(平衡),即

$$\text{Ⅰ}(v + \Delta v + m/x) = \text{Ⅱ}(c + \Delta c) \tag{1}$$

两大部类的产品就全部得到实现。所以,**这个等式是社会总资本再生产和流通的平衡公式或实现条件。**

如果在公式(1)两端各加ⅠΔc 就可以得出:

$$\mathrm{I}(v+m) = \mathrm{II}c + \mathrm{I}\Delta c + \mathrm{II}\Delta c \qquad (2)$$

公式(1)从而公式(2)包含 $\mathrm{I}(v+m) > \mathrm{II}c$，但是，不能反过来说 $\mathrm{I}(v+m) > \mathrm{II}c$ 包含公式(1)或公式(2)；因为 $\mathrm{I}(v+m) > \mathrm{II}c$ 是一个留有缺口的公式，它不能成为再生产实现的条件。其大出的部分必须等于公式(2)中的 $\mathrm{I}\Delta c + \mathrm{II}\Delta c$。"在以资本的增加为基础的生产中，$\mathrm{I}(v+m)$ 必须 $= \mathrm{II}c$ 加上再并入资本的那部分剩余产品，加上第Ⅱ部类扩大生产所必需的不变资本的追加部分……"(第585页)

补充说明 在积累进行时，两大部类之间的交换有以下两种特殊情况。

其一，虽然资本主义积累的事实排斥 $\mathrm{I}(v+m) = \mathrm{II}c$ 这一可能性，但在积累的过程中仍然可以发生这样的情况：由于过去的一系列生产期间进行积累的结果，$\mathrm{II}c$ 不仅与 $\mathrm{I}(v+m)$ 相等，而且甚至大于 $\mathrm{I}(v+m)$。这就是说第Ⅱ部类生产过剩了，其结果是一部分资本由第Ⅱ部类转到第Ⅰ部类。

其二，如果Ⅱ自己再生产一部分不变资本，例如在农业中使用自己生产的种子，那也不会改变 $\mathrm{I}(v+m)$ 和 $\mathrm{II}c$ 的关系。在Ⅰ和Ⅱ之间的交换中，$\mathrm{II}c$ 的这一部分和 $\mathrm{I}c$ 一样，无需加以考察。如果Ⅱ的产品有一部分可以做 $\mathrm{I}c$ 的材料，那也不会改变问题的实质。这部分产品就会和Ⅰ提供的一部分生产资料互相抵消，如果对两大部类之间的交换进行纯粹的考察，那么应该从一开始就把这个部分都从双方扣除。

四、国民经济按比例发展规律

实现问题毕竟是流通问题，社会总产品是否能够全部顺利实现，归根到底决定于各生产部门是否按照社会分工的比例来进行生产。流通中的实现问题不过是再生产中按比例问题的反映,市场机制作用不过是对再生产比例的反馈作用。因此,我们还必须深入探讨社会总资本再生产的基本比例关系问题。

国民经济中比例关系千千万万,抓不住根本比例关系就会坠入烟海,顾此失彼,不知所措。根本比例是社会生产力系统各个层次中的比例,其他一切比例都由此派生。具体说来就是:国民经济中最根本的比例是作为生产力源泉的人口和环境的比例,如果人口的发展超过环境的负载力,就会破坏环境和生态良性循环,就会反过来危害人口生存。其次是生产力自身构成要素的比例,即生产资料和劳动力的比例。生产力的发展要求生产资料较快于劳动力的发展。假定一个工厂的生产资料只需要1 000个劳动力与之相结合,却因为安排过剩人口而安排了2 000个劳动力,劳动生产力就会随之下降。微观的比例如此,宏观的比例也是这样。也就是说,应该从发展社会生产力的角度,预测环境的负载力和生产资料的发展,来计划人口的生育。第三是作为生产力结果的必要产品与剩余产品的比例。这一比例决定了消费和积累的比例,并进一步展开为两大部类比例,农轻重比例,农轻重各业内部各生产部门比例,建设和生产比例,生产部门和非生产部门比例等等。生产力的发展要求剩余产品较快于必要产品的发展,否则就会影响由以派生的一系列比例关系。

必要产品和剩余产品的关系,或者说必要劳动和剩余劳动的关系,以及消费和积累的关系,从再生产来讲,又体现在消费资料生产和生产资料生产两大部类的关系上面。马克思说,和一个劳动者的劳动分为必要劳动和剩余劳动一样,劳动者阶级的全部劳动也可以这样划分,为劳动者阶级生产全部生活资料(包括为此所需的生产资料)的那部分,是为整个社会进行的必要劳动;其余部分则是为社会进行的剩余劳动。这不过是劳动者的社会分工。因此必要消费资料(以及为此需要的生产资料)的生产是起点,至于积累从而追加的生产资料的生产,就要看社会劳动有多少高的生产力,从而社会劳动者能提供多少剩余劳动而定。

就作为必要消费资料来讲,其中最重要的是粮食,而粮食是由农业来生产的。种植粮食作物的农业劳动者必须具有一定高度的生产力,使自己种得的粮食不仅自给,而且能为社会提供商品粮。抽象地讲,农业劳动者必须具有一定高度的生产力,使自己不仅能提供必要劳动,而且能提供剩余劳动。并且,由于作为剩余产品的商品粮经过交换,又替换工业的必要劳动,这样,从社会的观点来说,农业的剩余劳动也成为社会的必要劳动,而能够提供剩余产品的农业劳动生产率就成为国民经济的基础,成为其他部门(轻工业和重工业等)生产的出发点。这也就是马克思说的,"超过劳动者个人所需要的农业劳动生产率,是一切社会的基础。"[1] 进一步讲,轻工业基本上也是提供生活资料,因而投到轻工业的劳动,如同投到农业的劳动一样,虽然也分为必要劳动和剩余劳动,但社会地讲,基本上也成为社会必要劳动的部分;相对于工业内部来说,轻工业也是起点,而重工业则可以看作是社会的剩余劳动部分。正因为这个原故,在安排计划时,一定要以农轻重为序。当然,这并不等于说重工业不重要,没有重工业的发展,农业和轻工业也难以进一步发展。

国民经济按比例的规律要求在现有的物质基础上,形成最优的社会分工,保证社会生产力顺利发展。具体说来就是要求依据分工的需要,将社会总劳动(物化劳动和活劳动)按比例地分到各生产部门,从而决定年总产品实现的条件。

---

[1] 《资本论》第3卷、《马克思恩格斯全集》第25卷,第885页。

第三篇 资本主义生产的总过程
（生产、流通和分配的总过程）

《资本论》第 1 卷分析了直接生产过程，第 2 卷又分析了包含生产过程在内的流通过程，现在，第 3 卷综合分析包含生产过程和流通过程在内的分配过程，即分析资本主义生产的总过程。

3 卷本《资本论》的主要脉络还可以分为四个层次，即：资本主义商品生产总过程的物质内容（生产力），总过程的社会形式（生产关系和分配关系），总过程的结果（商品）的价格体系。它们的关系如下：

$$\text{生产力} \rightleftarrows \text{生产关系} \rightleftarrows \text{分配关系} \rightleftarrows \text{价格}$$

式中向右的"→"标志谁决定谁，向左的"←"标志反作用的关系。《资本论》第 1 卷、第 2 卷主要论述生产关系反作用于生产力的规律，即以发展生产力为手段，达到代表生产关系利益的价值增殖目的的规律，现在第 3 卷则侧重论述后三个层次。论述生产关系如何决定分配关系，又要由分配关系来实现（反作用）；以及分配关系如何决定价格结构，又要由价格来实现。

这里的物质内容仍然是生产力的运动。在第 1 卷，原来生产力的发展表现在剩余价值率和资本有机构成上面，现在综合表现在利润率上面。而生产的高度社会化，又通过生息资本的作用，使资本也社会化为股份资本。国民经济各个部门劳动生产力的发展,则和土地的自然力结合在一起。

这里的生产关系指的是资本的所有权和使用权、土地的所有权和使用权。作为生产关系的所有权与使用权并不创造剩余价值,但凭借这些权可以分配剩余价值,也就是说,生产关系决定了分配关系。具体说来资本所有权从平均利润中取得利息,资本使用权则从平均利润中取得企业利润。土地所有权从超额利润中取得地租,土地使用权则从超额利润中取得另一份企业利润。这些分配关系又反过来实现相应的生产关系。

以下假设图示中的:

左端的 Pm_1 为土地所有权,后面的 Pm_1 为土地使用权;

左端的 G 为资本所有权,后面的 G 为资本使用权;

左端的 A 为劳动力所有权,后面的 A 为劳动力使用权;

Pm_2 为一般生产资料,Km 为生活资料;产成品 W' 可以是 Pm_2,但假定是 Km。

W' 价值 $= c + v + m$。其中 $c + v$ 转化为成本 k;为了满足分配关系,m 则转化为平均利润 $\bar{p}$ + 超额利润 $(r + R)$。当资本两权分离时,$\bar{p}$ 相应分割为利息与企业利润,前者实现资本所有权,后者实现资本使用权。当土地两权分离时,r 转化为绝对地租,R 转化为级差地租,以实现土地所有权,土地使用后新增的 R 则留作实现土地使用权。于是 W' 价值转化为生产价格,它 $= k + \bar{p} + (r + R)$。这是市场内在价格。只有实现这个价格,才能支付利息和地租,才能继续取得 G 和 Pm_1,才能再生产。如果资本产权得不到 $\bar{p}$,土地产权得不到 $(r + R)$,生产者就会失去资本供给和土地供给,也就失去商品再生产的条件。所以生产价格实际是保证 W' 能够再生产的价格,其完成形式就是不仅保证资本供给而且保证土地供给的垄断价格。

第一个 G' 是按 W' 市场供求关系决定实际价格。末端的 G 为

$$G' = G + 利息$$

这样，W' 生产总过程可图示如下：

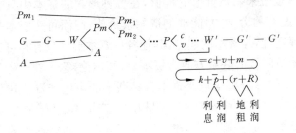

如果从宏观角度观察上列 W' 生产总过程，还可以知道，在市场经济体制中，有五大骨干市场，其他各子市场则由之派生，共同组成市场体系。这个体系分三个层次：上游市场是三个生产要素（资本、土地、劳动力）的市场，它们都只出卖使用权，卖价分别是利息、地租和工资。这实是 $v+m$ 的分配关系，并用以实现要素的所有权。中游是 Pm_2 市场，下游是 Km 市场，它们的卖价应是再生产价格，因而蕴含着要素价格的渗入。这使价格也组成一个体系，与市场体系相对应。在价格体系中，如果上游要素价格不理顺，中下游产品价格就不合理，就会导致分配不公。这个问题也是中国当前经济体制改革中的关键问题。

既然分配关系是实现要素所有制问题，也就成为判断要素是公有还是私有的标志问题，而这又主要用以观察资金与土地是公有还是私有。所以，第3卷主要叙述资本所有权和利息、土地所有权和地租，以及要素使用权和利润。

在总过程中资本的展开形式
"资本是资产阶级社会的支配一切的经济权力。它必须成为起点又成为终点"①。从第1卷的起点到第3卷的终点，《资本论》论述了各种形式的资本。这各种形式的资本也是按自身的辩证法展

---

① 《马克思恩格斯全集》第12卷，第758页。

开的。

资本是带来剩余价值的价值,在各种形式的资本中只有可变资本(被占有的劳动力)能够创造剩余价值,因而可变资本是资本的基本规定性,是资本的起点。其他各种资本形式只有和可变资本发生直接或间接的联系方成为资本。《资本论》第1卷首先分析了可变资本,然后分析与可变资本直接联系的由生产资料转化的不变资本。这两者(c 和 v)合在一起构成生产资本。《资本论》第2卷又在生产资本的基础上,论述了产业资本在流通过程中的变形运动,生产资本采取固定资本和流动资本的形式,它会转化为商品资本和货币资本,即转化为流通资本。《资本论》第3卷再在流通资本的基础上,论述了流通资本如何独立化为商业资本(商品经营资本和货币经营资本),其中货币资本又进一步独立化为生息资本(借贷资本、银行资本以及虚拟资本等等)。

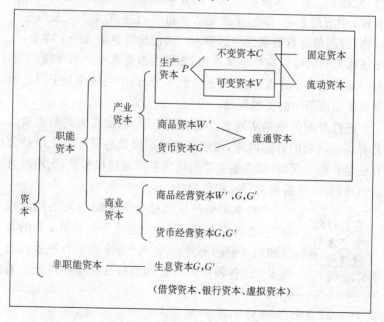

在总过程中 m 的展开形式

上面资本形式的展开是以 v 为起点的,其所以如此,是因为只有可变资本 v 能创造剩余价值 m。现在从另一方面,即从剩余价值 m 来看,它的基本规定性是 v 的产物,是 v 的增量 Δv,即 $m = \Delta v$,这是起点。这个起点贯穿《资本论》第1卷和第2卷。到了《资本论》第3卷,它随着资本形式的展开采取了相应的具体形式。当它表现为职能资本(产业资本或商业资本)预付总资本的增量时便表现为利润 p;从预付的社会总资本(职能资本家预付的生产资本与流通资本)来看,它的增量便表现为平均利润 $\bar{p}$;当其中预付货币资本独立化为生息资本时,它的一部分就表现为资本的所有权的产物(利息),它被分割为利息和企业利润;在土地所有权发生作用时,它的一部分又表现为土地所有权的产物(地租),因而剩余价值是分割为地租、利息和企业利润。总之,利润、平均利润、企业利润、利息、地租等等都是剩余价值这一内容逐步展开的表象。

> **第 3 卷的逻辑结构**

在总过程中,剩余价值的展开形式是由资本的展开形式决定的,两者辩证地结合在一起。《资本论》第 3 卷就是循着这样的由抽象到具体的展开过程,形成了自己的逻辑结构。

资本主义生产的总过程是以利润为轴心展开的。在这个总过程中,两权(所有权与使用权)合一的职能资本取得平均利润,两权分离的资本分割平均利润为利息与企业利润。作为所有权的生息资本取得利息,作为使用权的职能资本取得企业利润。然后是两权合一的土地取得超额利润,两权分离则分割超额利润。所有权取得地租,使用权取得剩余利润。

产业资本在总过程中具有生产和实现剩余价值的职能,因此又可称为职能资本(也可叫做功能资本或机能资本)。产业资本的一部分流通资本,由于社会分工,从产业资本运动中独立出来,形成商业资本。商业资本具有专门实现剩余价值的职能,所以也是职能资本。职能资本是生产或实现剩余价值的资本,它的每一组成部分有权平均分配剩余价值,因而剩余价值表现为资本的产物,即表现为平均利润。于是,投入生产和流通中的预付资本,它们在分配占有的果实时,便表现为等量资本取得等量利润。

职能资本中的货币资本,由于社会分工,还会独立化为生息资本。这部分职能资本的所有权和使用权分离。职能资本的所有权异化在生息资本上面,它本身只是作为使用权的资本。作为所有权的资本并不具有生产或实现剩余价值的职能,因此,生息资本不是职能资本。资本的所有权和使用权的分离,在剩余价值的分配上就表现为平均利润分割为利息和企业利润,作为所有权的资本(生息资本)取得利息,作为使用权的资本(职能资本)取得企业利润。

但是,无论哪种资本,它们的运动一般离不开土地。土地所有权又以地租形式参与剩余价值的分配。地租的实体是剩余价值扣除平均利润以后的剩余利润,即超过平均利润的超额利润。前面说过,剩余价值实际上分割为利润、利息和地租。

这样《资本论》第3卷就分为四个部分,其中前三部分分别叙述:

一、职能资本和平均利润(第一篇到第四篇);

二、生息资本和利息(第五篇);

三、土地所有权和地租(第六篇);

最后,再把前三部分综合为:

四、各种收入及其源泉(第七篇)。

生产价格的展开　生产价格就是前述的再生产价格,在理论上它由抽象到具体展开。第3卷开始就论述价值如何具体地转形为抽象的生产价格,它＝成本＋平均利润,以实现等量资本取得等量利润的分配关系;然后在第四篇又进一步论述生产价格再展开为商业价格,它＝成本(包括纯粹流通费用)＋平均利润。最后,生产价格展开为垄断价格,以实现土地所有权取得超额利润的分配关系,它＝成本(包括纯粹流通费用)＋平均利润＋超额利润。这个价格才是市场价格的实际波动中心。正是这个价格实现了资本主义商品生产方式内在的生产力运动和外在的生产关系和分配关系。生产价格由抽象到具体、由内圈到外圈的展开,也可列图如下。

*　　　*　　　*

《资本论》第3卷"是一部光彩夺目的著作,在学术上甚至超过第1卷"[1],"最困难的问题这样容易地得到阐明和解决……并且整个体系具有一种新的简明的形式"[2]。

我们在序言中就曾说过,三卷《资本论》按其叙述方法来讲,是一个有机的整体。前两卷只叙述它的"骨骼系统"和"肌肉系统";第3卷按照由抽象到具体、由内容到形式、由分析到综合的逻辑进程,它叙述了这个有机体的"表皮系统",并且是将"骨骼系统"、"肌肉系统"、"表皮系统"三者综合在一起,叙述这个有机体的整体。

这个有机的整体就是资本主义商品生产总过程的理论反映。

如果撇开生产的资本主义形式,这些原理也适用于社会化大生产的商品经济,因而也适用于社会主义的商品经济。长期以来,我们忽视了平均利润、利息、地租等范畴,导致价格体系混乱;在生产关系方面,导致社会主义的土地所有权和资金所有权不能在经济上合理实现;在分配关系方面,由于价格体系不合理,使一些单位和个人多劳少得,另一些单位和个人少劳多得;这些又反过来不利于社会生产力的发展。

所有这些不仅表明《资本论》第3卷是马克思经济学说的瑰宝,而且是当前我国社会主义建设的理论指针。遗憾的是,第3卷是马克思的遗稿,在文字上比较难读。如果知难而进,努力学好第3卷,必将化为社会主义建设的巨大物质力量。

---

[1] 《马克思恩格斯全集》第36卷,第325页。
[2] 《马克思恩格斯全集》第36卷,第299页。

第七章 两权合一的职能资本与平均利润

产业资本运动的目的是占有剩余价值,实际上是在总过程中实现平均利润加超额利润。现在暂时撇开超额利润,那末,平均利润就是再生产继续进行的条件。又由于平均利润包含在生产价格之中,生产价格也成为再生产的条件。在再生产运动

$$G—W <_A^{Pm}\cdots P\cdots W'—G'$$

中,产品 W' 不是按价值而是按生产价格出售的,$W <_A^{Pm}$ 也不是按价值而是按生产价格买进的。

马克思说:"生产价格包含着平均利润。我们把它叫做生产价格,——实际上这就是亚·斯密所说的'自然价格',李嘉图所说的'生产价格'、'生产费用',重农学派所说的'必要价格',不过他们谁也没有说明生产价格同价值的区别,——因为从长期来看生产价格是供给的条件,是每个特殊生产部门商品再生产的条件。"(第221页)①

现在要说明的是,商品价值的构成部分 $c+v+m$,如何通过一系列中间环节,转化为成本价格 + 平均利润,即转化为生产价格。

这个转化是由单个资本开始的。它的商品价值 $c+v+m$ 先

---

① 在本书的"资本主义生产的总过程"部分,凡未注明书名的页码,都是指《资本论》第3卷(《马克思恩格斯全集》第25卷)的页码。

转化为成本价格 + 利润,然后在社会范围内再转化为成本价格 + 平均利润。

这个转化的关键是剩余价值率转化为利润率,以及利润率的平均化。因此,在学习这一部分时,特别要注意利润率从而平均利润率的变化规律。

这个转化的过程可以从图 7.1 中看出,它是第 3 卷第一、二篇的脉络。

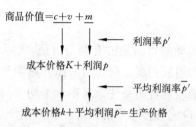

图 7.1　商品价值转化为生产价值图

在商品价值中,所耗资本价值 $c+v$ 转化为成本价格 K;m 本是 v 的增量,但资本家把它看作总资本的产物,它就因此转化为利润 p。这个转化以利润率 p' 为环节,因为 p' 体现着 m 对全部预付资本的关系。

接着,个个资本的不同利润率又转化为平均利润率 $\bar{p}'$。由 $\bar{p}'$ 计得的 $\bar{p}$,它加上成本价格 k(这时成本价格也发生量的变化,因为 Pm 不是按价值而是按生产价格购进的)便是生产价格。生产价格虽然和价值相背离,但两者的总和仍然相等,仍然符合价值规律。

一、价值转化为成本加利润

所耗资本 $c+v$ 转化为成本 k

在再生产运动中,由生产过程出来的每个商品的价值 $W'=c+v+m$,其中 $c+v$ 作为所耗资本的补偿价值。"商品价值的这个部分,即补偿所消耗的生产资料价格和所使用的劳动力价格的部分,只是补偿商品使资本家自身消耗的东西,所以对资本家来说,这就是商品的成本价格。"(第30页)商品的成本价格还必须实现为货币资本,以便不断买回商品生产上耗费的各种生产要素。

但是,作为 W' 中的补偿资本价值部分的成本价格,它虽是 $P<_v^c$ 的等价物,却不是生产资本 $P<_v^c$ 本身。因此,"成本价格这一范畴,同商品的价值形成或同资本的增殖过程毫无关系"(第33页)。

在成本价格形式上,由于它只具有补偿的性质,并无增殖的区别,不变资本和可变资本的区别也就消失了。

又由于成本价格仅仅是补偿商品生产上的所耗资本(流动资本＋固定资本的折旧部分),而不是全部的预付的资本(流动资本＋固定资本),所以,就成本价格本身的形成来说,只看见固定资本和流动资本的区别,资本增殖过程也就被掩盖起来了。

剩余价值 m 转化为利润 p　　在考察了商品价值 $W'=c+v+m$ 的 $c+v$ 部分以后,现在再看看它的另一组成部分,即超过成本价格的余额或剩余价值 m。剩余价值 m 本来只是可变资本 v 的增量 Δv,因而 $W'=c+v+m$ 应是 $c+(v+\Delta v)$ 或 $c+(v+m)$。但从资本的角度,它也可表现为 $(c+v)+m$ 或 $(c+v)+\Delta(c+v)$,即把剩余价值 m 表现为所耗资本 $(c+v)$ 的增量 $\Delta(c+v)$。

又由于全部预付资本(所用资本)的物质要素(包括机器等劳动资料)全部参加劳动过程,并且劳动资料还是生产剩余价值的条件,剩余价值就不仅表现为所耗资本的增量,而且表现为全部资本的增量。

剩余价值,当它表现为全部预付资本的产物时,它便转化为利润这个形式。如果我们把成本价格叫做 k,把利润叫做 p,那末 $W'=c+v+m=k+m$ 这个公式,就变成 $W'=k+p$ 这个公式,也就是商品价值转化为 成本价格 ＋ 利润。

而且，利润不仅是生产出来的剩余价值的表现形式，它还必须是实现了的剩余价值，即货币形式上的剩余价值。因此，它还会进一步表现为包括流通资本在内的预付总资本的产物。关于这点留在叙述商业利润时再说。

由于商品的市场价格可以大于、等于或小于价值，在它不低于成本价格条件下，实际利润就可以大于、等于或小于剩余价值。

又由于剩余价值无所费于资本家，资本家也就乐于把成本价格看作就是商品的内在真正价值，剩余价值就好像不是通过出售来实现，而是由出售本身产生的。

这里，有两个重大理论问题值得注意：

其一，虽然剩余价值 m 只是 v 的产物，虽然 c 并不创造 m，但是 c 的物质要素（生产资料，特别是其中的机器）是生产力的客体要素，而生产力特别高的劳动会当作复杂劳动来发生作用，这个作用实际上会带来更多的 p。装配较多的技术设备，等量劳动可以带来更多的产品，实现更多的 p。在社会主义商品经济中，在利润的计算上也不能不反映 c（特别是其中固定资金）的这种效益。因此，应该按资金利润率来计算利润。

其二，利润是剩余价值的转化形式，但又限于实现了的剩余价值。书中明确指出，"但无论如何，利润加上地租等于全部已实现的剩余价值（剩余劳动）"，"利润和地租就是已实现的剩余价值"（第942页）。可见，一个企业如果生产社会不需要的产品，卖不掉的产品就不能提取利润。

剩余价值率转化为利润率

剩余价值虽然表现为在流通过程中实现的、超过商品成本的余额；但重要的是它表现为一个通过对总资本的关系获得进一步规定的数额，即由利润率规定的数额。因此，剩余价值转化为利润的基本环节是**利润率**。

所谓利润表现为预付总资本的产物，实际是通过剩余价值对预付总资本的对比关系,即利润率 $p' = m/(c+v)$ 体现出来。正因为剩余价值率转化为利润率,$m' = m/v \to p' = m/(c+v)$,剩余价值才转化为利润,资本家就是按利润率来计算他的利润的。就利润说,"不管剩余价值来自何处,它总是一个超过全部预付资本的余额。因此,这个余额和总资本会保持一个比率,这个比率可以用分数 m/C 来表示,其中 C 表示总资本。这样,我们就得到了一个与剩余价值率 m/v 不同的利润率 $m/C = m/(c+v)$"。但从根本讲,"应当从剩余价值率到利润率的转化引出剩余价值到利润的转化,而不是相反"(第51页)。

利润率标志着利润是表现为预付总资本(在社会主义社会是预付总资金)的产物。如果利润率的分母不是预付总资本就不成其为严格意义的利润率。所以,固定资本(固定资金)也应加入分母,这样计算的利润率才能反映包括固定资本在内的资本使用效率和效益的分配关系。如果仅仅把工资基金作为分母并名之曰"工资利润率",就不伦不类了。如果把成本价格作为分母,即所谓"成本利润率"也是非科学的。因为资本"就它形成商品的成本价格来说,它形成的不是剩余价值,而只是所耗费的资本的等价物,或补偿价值。因而,就它形成剩余价值来说,它不是靠它作为所耗费的资本的特有属性,而是靠它作为预付资本,从而作为所使用的资本的特有属性,来形成剩余价值的"(第43页)。当然,它实际上不是"形成"而是占有(分配)剩余价值。

利润率的基本公式是

$$p' = m/(c+v) \tag{1}$$

其中分母是**预付**总资本。

如果用所耗可变资本先除后乘剩余价值,又可导出

$$p' = m/(c+v) = (m/v) \cdot v/(c+v) = m' \cdot v/(c+v)$$

如果再用 v 去除分子和分母,还可导出

$$p' = m'/(c/v + 1) \qquad (2)$$

但是,这个公式之所以能够成立,要以前一公式的 $v/(c+v)$ 中的分子的 v(所耗可变资本)和分母的 v(预付可变资本)相等因而可以相约为条件。只有在可变资本周转次数等于 1 时,分子和分母的 v 在数量才相等,因此,这个公式被限制在 v 的一次周转(一次生产和流通)范围内才是正确的。

如果一年周转不等于 1 次,而是周转 n 次,那末,按年计算的利润率 P'(实际上也是这样算的,因为利润率是综合性指标,利润率不过是 $n=1$ 时的年利润率)应该是

$$P' = n \cdot m'/(c + v) \qquad (3)$$

或 $\qquad P' = n \cdot m'/(c/v + 1) \qquad (4)$

一看便知道,利润率 p' 总是比剩余价值率 m' 小,年利润率 P' 总是比年剩余价值率 $M'(= n \cdot m')$ 小,除非 $c = 0$。

年利润率是一个综合性指标。一个企业只要努力提高劳动生产力,或节约了资金,或加速了周转,都会在年利润率上面得到反映。

影响利润率的各种因素　从上述公式还可以看到影响利润率的种种因素。这些因素,从公式(1)看,有 m、c 和 v(p' 与 m 成正比,与 $c+v$ 成反比);从公式(2)看,是剩余价值率 m' 和资本有机构成 c/v(p' 与 m' 成正比,与 c/v 成反比);从公式(3)和(4)看,还有周转速度 n。因此,一切能决定这些因素的因素,会综合起来决定利润率的变化。这些在背后起作用的因素有下列一些:

货币的价值。不过在这里,我们先假定它不变。

价格。在这里,也先假定它不变。

劳动日长度、劳动强度和工资。延长劳动日可以增加绝对剩余价值,提高劳动强度可以增加相对剩余价值,工资变动则使剩余价值朝相反方向变动等等都已经在第 1 卷特别是其中第十五章讲过

了,现在在第3卷第二章又作了补充(第77页)。

影响周转速度的各种因素。这也在第2卷第二篇讲过了。

劳动生产力。这是根本的因素,因为利润率的变化不过是劳动生产力变化在生产总过程中的反映。

生产力的变化对利润率的影响是错综复杂的。

就公式(3)(它包括公式(1))来看,生产力的提高可以加速周转次数,也可以促进相对剩余价值的增加,这些都使分子增大,使利润率提高。但是为此而提高生产力,往往要增添技术设备,从而增加预付的资本,这又使分母增大,使利润率下降。不过从另一些方面,生产力的提高又可以使预付资本减小从而使分母减小,使利润率提高。例如,一个企业内部,节约生产资料和劳动力从而提高劳动生产力,这样提高的生产力会使利润率的分母 $c+v$ 的物质要素(使用价值)减少,从而使 $c+v$ 减小。另一方面,如果生产生产资料的部门的劳动生产力提高,预付不变资本价值 c 会随之减小;生产生活资料的部门的劳动生产力提高,预付可变资本价值 v 会随之减小;在这些情况下,分母 $c+v$ 就会减少,利润率也会随之提高。

第3卷第五章专门论述了节约不变资本的影响。这个问题实质上是节约生产资料、减少单位产品消耗的物化劳动以提高生产力,从而提高利润率的问题。在这一章里讲到节约能源、三废利用问题,并且指出科学技术的发明和应用问题。

第五章还附带指出,一般劳动(从事科学技术活动的精神劳动)和共同劳动(协作)既有联系又有区别。"一般劳动是一切科学工作,一切发现,一切发明。这种劳动部分地以今人的协作为条件,部分地又以对前人劳动的利用为条件。共同劳动以个人之间的直接协作为前提。"(第120页)

作为一般劳动的科学发现和技术发明,既然以利用前人劳动为条件,由于发明而产生的节约也就有一个过程。前人在摸索一条新的科学定理和新的技术时,需要耗费大量劳动,后人在前人成功的基础上,只要用较少的劳动就可以继承和发展前人的劳动成果。事实证明:(1)前人在试制一台新机器的费用较之再生产费用往往极为高昂。(2)前人经营一个建立在新发明基础上的工厂所需要的费用也非常昂贵。后人却较易占有这发明的好处。

可见,对前人的科学技术成果不能采取虚无主义态度,而要善于批判地继承,就可以节约大量的一般劳动,就可以大幅度提高劳动生产力,从而大大提高资本的使用效率,并表现在利润率上面[①]。

二、成本加平均利润转化为生产价格

转化的关键是利润率平均化

成本价格 + 利润,进一步转化为成本价格 + 平均利润,也就是转化为生产价格。这里转化的关键是利润率的平均化,即利润率转化为平均利润率。

以上讲的利润率是单个资本的利润率。各个单个资本的利润率首先在一个部门内部平均化,然后在整个社会资本的总和中平均化为一般利润率。一般利润率或平均利润率就是总利润率,即社会剩余价值总和 $\sum m$ 对社会总资本 $\sum(c+v)$ 的比率,如果把平均利润率写为 $\overline{p'}$,就有

平均利润率 = 社会总剩余价值 / 社会总资本

或

$$\overline{p'} = \sum m / \sum(c+v)$$

平均利润率只是利润率的平均数,因而前面所论述的关于利润率的变化规律的原理,基本上也适用于分析平均利润率的变化。不过,在这里,各个资本的不同的剩余价值率、资本有机构成和资

---

① 参阅:"科学技术优先发展的规律和自身发展的规律",《学术月刊》1979 年第 1 期。

本周转速度都社会地平均化了。

平均利润率形成,利润就转化为平均利润。每个预付资本都是按照平均利润率来取得平均利润,即等量资本在相等时间内会带来等量利润,而不问它们的剩余价值率、资本构成和资本周转速度有着怎样的差别。

与此同时,商品价值就转化为生产价格,即

商品价值 → 成本价格 + 利润

→ 成本价格 + 平均利润 = 生产价格

或　生产价格 = 成本价格 + 预付资本 × 平均利润率

生产价格形成以后,每个企业都是按照生产价格而不是按照价值购买生产资料和劳动力,成本价格与所耗资本价值 $c+v$ 发生了背离,但是这些离差会在成本价格的总和中相互抵消,成本价格的社会总和仍然等于资本价值的总和。同时,平均利润 $\bar{p}$(实际是平均剩余价值)和各个单个资本所生产的剩余价值的离差也会在总和中相互抵消。由于生产价格的两个组成部分 k 与 $\bar{p}$ 与商品价值的两个组成部分 $(c+v)$ 与 m 的离差会相互抵消,生产价格与价值的离差也会在总和中抵消,因而尽管生产价格在一般场合都与价值背离,但是

生产价格的社会总和 = 价值的社会总和

所以,生产价格的运动不仅不违反价值规律,反而是价值规律在分配过程中进一步的展开:市场价格以生产价格为中心而波动,但生产价格的总和仍由价值的总和来决定。

在平均化过程中竞争的作用

竞争是和供求关系及其对价格的影响分不开的。《资本论》的前2卷都假定价格和价值一致,因而暂时撇开竞争,现在要加以补充。

1. 部门内部的竞争。市场价值的形成和实现

竞争，首先是一个部门内部争夺销售市场的竞争。

在供过于求时，会发生生产者之间的竞争，以致价格跌到价值以下，生产条件差的企业被淘汰，生产条件好的企业的产品逐步占较大的比重，它的个别价值就会调节市场价值（平均价值）。反过来，在求过于供时，会发生购买者之间的竞争，以致价格涨到价值以上，生产条件差的也能实现剩余价值，生产条件差的企业的产品逐步占较大比重，它的个别价值就会调节市场价值。

一方面，供求关系的变动通过价格波动调节生产条件从而调节市场价值；另一方面，市场价值或市场价格的变动又会调节供求关系从而调节商品流通。这是因为供给和需求是商品的供给和对商品的需求，因而二者都具有商品的二重性质。供给既是一定量能满足人类需要的使用价值，又是一定量的市场价值。同样，需求既是对使用价值的需求，又是作为价值的有支付能力的需求。如果供给的商品的价值或价格发生变动，在同量支付能力的需求情况下，它会反方向影响对作为使用价值的商品的需求量：涨价，需求就减少；跌价，需求就增加。这就使市场起着配置资源的作用。

供求关系的变动，从而价格的波动，还迫使商品按社会需要量来实现。

供给代表着某种商品实际生产总量，从而代表着实际投到该部门的社会劳动时间（第一种含义的社会必要劳动时间的总和）。需求代表着社会按比例地应该投到该生产部门的社会劳动时间（第二种含义的社会必要劳动时间）。但是，不管实际投到该生产部门的劳动量是多少，商品价值只能按第二种含义的社会必要劳动时间来实现。在供过于求时，竞争使价格下跌，一部分资本撤出这个部门，使投入的劳动减少，以致减到第二种含义的社会必要劳动时间。反过来，在求过于供时，竞争使价格上涨，使资本由别的部门转到这个部门，使投入劳动增加，以致增到第二种含义的社会必要劳动时间。

总之,竞争一方面作为价值形成的外部条件,使商品的不同个别价值比重发生变化,平均化为新的市场价值。另一方面,它又作为价值实现的外部条件,使已经形成的价值只能按照第二种含义的社会必要劳动时间实现。

竞争的这两方面作用,同时也是调节生产的作用。前一方面是促使一个生产部门内部某种生产条件占绝大比重。后一方面是迫使该部门的生产按社会比例来进行。

2. 部门之间的竞争。市场价值转化为生产价格

部门之间的竞争是争夺投资场所的竞争。

各个生产部门劳动生产力水平不同,因而资本有机构成不等。如果商品按它的价值出售,各部门的利润率就彼此不等。"但是资本会从利润率较低的部门抽走,投入利润率较高的其他部门。通过这种不断的流出和流入,总之,通过资本在不同部门之间根据利润率的升降进行的分配,供求之间就会形成这样一种比例,以致不同的生产部门都有相同的平均利润,因而价值也就转化为生产价格"(第216~218页)。

这样,市场价格的变动就不直接表现为以价值为中心的波动,而首先表现为以生产价格为中心的波动。

这样,前面所说的关于市场价值的形成和实现的原理,"也适用于生产价格,只要把市场价值换成生产价格就行了"(第200页)。

这样,就一个部门的单个资本来讲,如果它占有较高的生产力,它的商品的个别生产价格就会低于社会生产价格,就会获得超额利润。

三、各经济规律的展开形式

《资本论》第1、2卷所揭示的经济规律都是和商品价值直接联系在一起的。现在,价值转化为生产价格,这些规律也随之和生产

价格、平均利润、平均利润率联系在一起,展开为新的运动形式。

价值规律的展开 在直接生产过程,价值规律的简单规定或基本规定是:一个商品的价值量由生产该商品的社会必要劳动时间决定。这是价值形成的规律。

在交换过程,价值规律进一步规定为等量社会必要劳动相交换或等价交换的规律。

在流通过程,等价交换的规律展开为价格与价值相符的规律,因为只有两者相符才会等价交换。但在每个个别场合,一般说来是不相符的,而是偏离价值的,价格与价值相符的规律只表现为价格以价值为中心(也是重心)的运动,并进一步表现为平均价格与价值相符的规律(因为平均价格也是市场价格波动的中心)。

价值规律在第3卷第十章又具体化为:一个商品的价值量由该部门各个商品生产者生产该商品所耗费的劳动时间的加权平均数来决定。或者说,商品价值,"应看作是一个部门所生产的商品的平均价值"(第199页),即个别价值的加权平均数。在这个平均化的过程中,竞争起了一定的作用。竞争、同供求关系的变动相适应的市场价格的波动,使一个部门内部某种生产条件占最大比重,这种生产条件下生产的商品的个别价值,就在该部门各个不等的个别价值平均为社会价值时起调节作用。

在生产、流通和分配的总过程,因分配过程的介入,市场价格的波动,又不直接以价值为中心,而是以生产价格为中心,但生产价格的社会总和仍然等于价值的社会总和。价值规律在分配过程又这样进一步展开。

按比例规律的展开 国民经济按比例规律首先是生产中的规律,然后延伸为分配中的规律和流通中的规律。具体说来就是:

就生产来讲,为了满足社会发展的需要,社会生产发生了分工,社会就要把社会总劳动量(过去劳动和活劳动的社会总和)按比例地投到各个生产部门。

就分配来讲,由于按比例投到各生产部门的劳动对社会来讲是必要的,这种劳动就必须得到补偿。既然社会分工要求按这样的比例把社会总劳动时间投到各生产部门,各生产部门也就只能按这样的比例来分配劳动的果实。"社会的一部分人,由于分工的缘故,要把他们的劳动用来生产这种既定的物品;这部分人,当然也要从体现在各种满足他们需要的物品上的社会劳动中得到一个等价物。"(第209页)

就流通来讲,各生产部门按比例投入劳动并按同一比例来分配劳动的果实,这同一比例的劳动数量又表现为各生产部门的有支付能力的需求。"事实上,因为商品生产是以分工为前提的,所以,社会购买这些物品的方法,就是把它所能利用的劳动时间的一部分用来生产这些物品,也就是说,用该社会所能支配的劳动时间的一定量来购买这些物品。"(第208—209页)社会年总产品(把它们提供到市场上就是供给)如果是按社会需要的比例生产出来的,它们的供给量就会和有支付能力的需求相一致,从而全部得到实现,反之就不能全部实现。这一原理启示我们,市场上的供求关系是源于两种含义的社会必要劳动时间的关系。

总之,按比例规律首先是按比例生产的规律,它又是按比例分配的规律,它还是按比例实现的规律。一般说来,社会需要的比例决定生产比例,生产比例决定分配比例,分配比例决定实现比例;但按比例实现的规律又反过来制约生产必须按社会需要的比例来进行。

在商品经济下,按比例规律通过价值规律为自己开辟道路,这在前面早已叙述过了。现在,由于价值规律展开为生产价格的规律,由于平均利润率在各部门之间的形成,按比例规律就按生产价格来计算各部门所应投放的劳动量,并通过利润率的平均化来实现各部门之间的平衡。

国民经济按比例发展的规律不仅会表现为国民经济按比例地发展,而且会通过价值规律表现出来,进而通过生产价格、利润率的平均化为它开辟道路。

利润率趋向下降的规律

随着社会生产力的发展,随着资本积累和再生产规模的日益扩大,资本有机构成日益提高,剩余价值率也不断提高。资本有机构成的提高使一般利润率下降,剩余价值率的提高又阻碍这种下降,使一般利润率只是"趋向"下降。况且,资本有机构成本身还因为生产生产资料部门生产力的提高带来不变资本各物质要素价值贬值,缩小了它的提高程度,以及其他种种原因,都阻碍着利润率的下降,更使这个下降只具有一种倾向性或趋向性。"因此,一般利润率日益下降的趋势,只是劳动的社会生产力日益发展**在资本主义生产方式下所特有的表现**。"(第237页)

但是,利润率倾向下降,或者说,总资本所吸收的剩余劳动相对减少的倾向,并不排除资本所吸收的剩余劳动的绝对增加。也就是说,随着生产力的发展,在积累和扩大再生产过程中,一方面是利润率的下降,另一方面又是利润量的增加。因为"这种双重的作用,只是在总资本的增加比利润率的下降更为迅速的时候才能表现出来"。(第248页)例如,原有资本100万元,在利润率由10%下降到8%时(下降20%),资本就要由100万元增加到125万元,才能保有原来的利润量10万元,资本还要继续增加到125万元以上(增加25%以上),才能使利润量增加。可见,积累使利润率下降,利润率下降又促进积累。

资本价值增殖规律的展开与经济危机

资本价值增殖规律在《资本论》第1卷被抽象地叙述为:以提高生产力为手段,达到生产和占有剩余价值的目的,进而达到资本积累(剩余价值转化为资本,因而增殖资本)的目的。这个规律在第2卷展开为:以提高生产力和加速资本周转为手段,达到生产和占有年剩余价值,进而有更多的剩余价值转化为资本的目的。

现在,在第 3 卷,由于剩余价值转化为利润,资本价值增殖规律就进一步展开为:以提高生产力为手段,达到创造和占有利润的目的,进而达到资本积累的目的。当然,就资本来讲,它的目的总是最大限度占有利润,最低限度也要取得平均利润。但是,提高生产力会使平均利润率下降,这又和资本价值增殖发生矛盾,矛盾的激化便导致经济危机。

第 3 卷第三篇第十五章集中叙述了这一问题,内容大致如下①。

利润率趋向下降的规律是在资本主义生产关系下社会生产力发展的一种表现形式,因此,这个规律的内部包含着资本主义基本矛盾。这个矛盾展开为生产扩大和价值增殖的矛盾,即在扩大再生产过程中生产力的发展和资本价值增殖的矛盾。资本主义生产方式是以提高生产力为手段,它包含着绝对发展生产力的趋势;而另一方面,它的目的是保存现有资本价值和最大限度地增殖资本价值。"手段——社会生产力的无条件的发展——不断地和现有资本的增殖这个有限的目的发生冲突。"(第 279 页)当着生产力的发展不能达到资本增殖的目的时候(也就是利润率太低的时候),**相对于资本增殖来讲,生产力便过剩了**,生产力的要素生产资料和劳动力便过剩了,与此相应生产资料和生活资料的生产也过剩了。这不是绝对过剩,而是相对过剩,是它们已经不能作为资本来生产利润的生产过剩(不能提供利润或所提供的利润率太低)。

资本的生产过剩从生产力的构成要素(生产资料和劳动力)来讲,包含资本过剩和人口过剩;从生产过程的结果来讲,还包含着商品的生产过剩。这种过剩不是局部的,而是全局的,它发展到一

---

① 参阅:"《资本论》中的经济危机理论",《中国经济问题》1982 年第 3 期。

定点便爆发为危机。

《资本论》中关于经济危机的理论也是由抽象到具体的展开[①]。

《资本论》第1卷第三章叙述了危机的两种**可能性**：一种可能性来自货币执行流通手段的职能因而买卖环节可能中断,即一个卖不掉他的商品,他就没有钱买,引起一系列人不能卖；另一种可能性来自货币执行支付手段职能因而支付环节可能中断,即一个人没有钱还债,引起一系列人不能还债。这样也就叙述了危机的**两种形式**：前一种形式是商业危机,后一种形式是货币危机或信用危机。

第2卷第九章叙述了危机的**周期性**的物质基础是固定资本的周转的周期。第3卷第十五章又进一步叙述危机之所以具有周期性的根本原因在于,危机只是资本主义生产方式矛盾的暂时解决,它解决的手段又使矛盾进一步激化,同样的恶性循环又将再次发生。

第3卷第十五章精辟地叙述了危机的**必然性**来自资本主义基本矛盾。并且指出危机的内容是资本的再生产过剩。在再生产过程中,资本如果不能取得最低限度的利润,它便难以积累,成为过剩的资本。"资本的生产过剩……仅仅是资本的积累过剩"（第280页）,因为资本生产和再生产的手段是无限发展生产力,但它所要达到的却是资本价值增殖这一有限目的。无限的手段和有限目的的矛盾使资本的再生产经常相对过剩并不断爆发为危机。

在危机中,社会生产力的一部分遭到破坏。但是,社会生产力不管这些限制继续向前发展。

危机之后,有更廉价的劳动力（因危机造成大量失业人口）和因过剩而贬值的生产资料可供购买,这包含着利润率的提高,于是,又为以后扩大再生产准备好条件。"这样,周期将重新通过。由于职能停滞而贬值的一部分资本,将重新获得它原来的价值。而且,在生产条件扩大,市场扩大以及生产力提高的情况下,同样的

[①] 参阅："《资本论》中的经济危机理论",《中国经济问题》1982年第3期。

恶性循环将再次发生。"(第284页)

四、生产价格展开为商业价格 商业资本的历史

商业资本的循环　到此为止,前面讲的都是产业资本(并且主要是讲工业资本),现在要讲从产业资本运动中独立出来的流通资本,即商品经营资本和货币经营资本①,总的讲就是商业资本。在商业资本中主要是商品经营资本,它是下面的叙述对象。

具体说来,由于社会分工,产业资本的出售活动 $W'—G'$,一般不是直接卖给消费者,而是先卖给商人,由商人转手再卖给消费者。产业资本的 $W'—G'$,对商人来说就是 $G—W—G'$(商人向产业资本家买进商品 $G—W$,然后再把商品卖掉 $W'—G'$)。于是,产业资本循环的出售阶段又派生出商业资本的循环。这可以从两个循环的联系看出

$$G—W\cdots P\cdots \boxed{\begin{array}{c}W'—G'\\G—W\end{array}} \quad —G'$$

方框内表示,产业资本循环的销售 $W'—G'$,就是商业资本的购买 $G—W$。商业资本在购买以后,再把商品最后销售,所以,商业资本的循环公式是 $G—W—G'$。

商业资本循环的特点是,它为了最后实现商品资本 W',必须

---

① 货币经营资本是货币经营业的资本,它用以经营由货币五种职能产生的业务。例如,货币的收付、差额的平衡、往来账的登记、货币的保管等等。货币经营业如果经营信贷业务便转化为银行。

先独立预付货币资本 G，并进行特殊的增殖。

流通资本独立化为商业资本有利于产业资本的发展：(1)使市场扩大，促进社会分工和扩大再生产规模，促进生产力的提高和积累；(2)使产业资本节约流通费用，有更多资本用于生产剩余价值；(3)使产业资本缩短流通时间，提高年利润率；(4)它本身速度的加快，还会使与它有联系的各个生产部门的流通时间进一步缩短，使有关的整个职能资本提高使用效率。

平均利润率的展开

前面说过，产业资本在运动中采取的流通资本的形式具有实现剩余价值的职能，也属职能资本，要取得平均利润。现在，随着这些资本的一部分独立化为商业资本，相应的平均利润部分也就从产业资本家手中转到商业资本家手中，成为商业利润。

显然，商人只能从商品的购销差价取得利润。这个差额既要从流通中获得，又不能从流通中创造，只能从生产中转来。它是怎样转来的呢？

问题在于前面讲的平均利润率从而生产价格，只是就生产资本来讲的，暂时撇开了流通资本。由于流通资本也是职能资本，也要参加利润率的平均化，现在必须对平均利润率的形成加以补充。

例如，在撇开商业资本时，生产者的出售价格为

$$720c + 180v + 180m = 1\,080$$

则平均利润率

$$= 180 \div (720c + 180v) = 180 \div 900 = 20\%$$

在商业资本(用 B 来表示设为 100)介入后，平均利润率就不能还是 20%，而要改为

$$180m \div (720c + 180v + 100) = 180 \div 1\,000 = 18\%$$

这样，生产者的出售价格或产业资本家的生产价格(或商人的

购买价格)就不应是 1 080,而是

$$720c + 180v + (720c + 180v) \times 18\%$$
$$= 900 + 900 \times 18\% = 900 + 162$$
$$= 1\,062$$

商人的销售价格(或商品的实际生产价格)则是

$$1\,062 + 100 \times 18\% = 1\,062 + 18 = 1\,080$$

在这里,商人资本 100 之所以能购买 1 062 元商品,是因为它周转了 1 062/100 = 10.62 次。在这里,产业资本 900 和商业资本 100 都按平均利润率 18% 取得了平均利润。

但是,问题并不这么简单。事实上,商业资本除了用于进货的 100 以外,还要预付资本作为流通费用。如果没有商人介入,产业资本家也要预付这项费用,这项费用也要取得平均利润,假定这些费用都是纯粹流通费用(用 k 表示物质费用,用 b 表示人工费用)并等于 50。那末,是不是平均利润率就等于

$$180m \div (720c + 180v + 100 + 50) = 180 \div 1\,050$$
$$\approx 17.14\%$$

呢?如果是这样,就是

$$购价 = 900 + 900 \times 17.14\% = 1\,054.29$$
$$销价 = 1\,054.29 + (100 + 50) \times 17.14\% + 50$$
$$= 1\,080 + 50$$
$$= 1\,130$$

生产价格的总和(1 130)大于价值总和(1 080),这不符合价值规律的要求。

这里的问题在于纯粹流通费用如何补偿。它必须从商品实现的价值 $c + v + m$ 中得到补偿。其中 $c + v$ 只补偿耗费的资本,它只能由剩余价值 m 来补偿。所以,**实际的**平均利润率或平均利润

率的**展开形态**[①] 应是

(剩余价值 − 纯粹流通费用)/(产业资本 ＋ 商业资本)

用符号来表示就是

$$[m-(k+b)]/[c+v+B+(k+b)]$$

就上述例子来讲就是

平均利润率 $= (180m - 50) \div (720c + 180v + 100 + 50)$

$\qquad\qquad = 130 \div 1\,505$

$\qquad\qquad = 12.38\%$

于是 生产者出售价格 $= 900 + 900 \times 12.38\% = 1\,011.42$

商人出售价格 $= 1\,011.42 + 150 \times 12.38\% + 50$

$\qquad\qquad = 1\,080$

进销差价为 $1\,080 - 1\,011.42 = 68.58$，扣除纯粹流通费用 50 后，才是实际的商业利润 18.57，它等于商人资本的平均利润（即等于 $150 \times 12.38\%$），或者不如说，它实质上就是平均利润。在这里，实际的生产价格应该是按照平均利润率展开形态计算的生产价格，它等于产业部门的生产价格（出厂价格）＋ 商业利润 ＋ 纯粹流通费用。这就是商业价格，它实际 ＝ 工商成本（包括纯粹流通费用）＋ 平均利润。

附带指出，以上例解的过程中，因商业资本参与利润率的平均化，平均利润率好像因此反而下降了（由 20% 而 18% 而 12.38%）。其实正好相反。商人预付的货币资本和流通费用本来是由产业资

[①] "在阐述的过程中，以后凡是说到一般利润率或平均利润率的地方，要注意我们总是就……平均利润率的完成形态而言。"（第 377 页）但是这里只用"展开形态"这个词，因为"完成形态"还要加上超额利润。

本家预付的,而且会预付更多,因而利润率更低。商人资本的介入,不是使利润率下降,而是使它上升。具体说来,如果产业资本自己执行流通职能,或者交给许多小商人去执行,纯粹流通费用就会大量耗费,预付货币资本量也会社会地增大。如果分工集中由大商人作为资本来预付,就会从社会范围节约流通费用和减少预付货币资本量,也就提高了一般利润率。

商业资本周转与经济危机

以上从商业资本循环和产业资本循环的联系和区别,叙述平均利润率的展开形态和生产价格的展开形态。现在进一步从商业资本周转和产业资本周转的联系和区别,叙述商业资本周转所及于经济危机、平均利润率和单位商品价格的影响。

产业资本的周转是 $G—W\cdots P\cdots W'—G'$ 的反复,每周转一次就生产一次剩余价值。商业资本的周转是 $G—W—G'$ 的反复,它不包含生产过程,不管周转几次,都不生产剩余价值。

商业资本的周转速度受到两方面的限制:从进货 $G—W$ 来看受到生产的限制,产业资本必须不断地把商品生产出来,商人才能顺利地快速地进货;从销货 $W'—G'$ 来看受到消费的范围和速度的限制。但是,商业资本在它的运动过程中又能暂时突破这两方面的限制。商人运用自有资本特别是运用借入资本,在一定限度内,可以在存货未出售之前继续不断地进货,这种虚假的需求反而解除了流通对再生产的限制,驱使再生产过程不顾社会的实际需要越出了应有的界限,也就使商业资本运动突破了生产对它的限制。另一方面,由于某些生产部门再生产这样的表面扩张,又促使社会增加对生产资料的需求,而生产生产资料部门的发展又带来对生活资料新的需求,于是一片繁荣状态,也就是似乎突破了消费的速度和范围。

但是,尽管商人资本的运动 $G—W—G'$ 已经独立化,它毕竟只是产业资本在流通过程中的 $W'—G'$ 运动。它在外部的独立性使再生产内部越出了界限,成为资本生产过剩,终于要由危机来克服。生产的消费,从而生产资料之间(或不变资本之间)的流通,就它不加入个人的消费来说,虽然不以个人消费为转移,但它最终要受个人消费的限制,"因为不变资本的生产,从来不是为了不变资本本身而进行的,而只是因为那些生产个人消费品的生产部门需要更多的不变资本"(第341页)。结果再生产表面的扩张带来为生产生活资料而生产生产资料,产业资本的 $W'—G'$ 从而商业资本的 $W'—G'$ 所受到消费速度和范围的限制必然暴露出来。一旦商人存货卖不掉,银行贷款又已到期,商人不得不为支付借款而削价求售,于是爆发了信用危机和商业危机。危机暂时克服资本的生产过剩,使生产和消费重新平衡。

商业资本周转对价格的影响

从社会范围来讲,产业资本的周转速度会直接影响平均利润率;商业资本的周转不会带来剩余价值,不会直接影响平均利润率,但会间接影响。当着商业资本总周转加快了,社会商业资本量就可以减少,产业资本量由此得到增加,剩余价值量也随着增加,平均利润率也就提高了。

从单个商业资本讲,当它的周转速度不影响平均利润率时,也就不能改变商业利润(即平均利润)量,只能把一定量的商业利润分摊到和周转次数相应的商品总量的每个商品上面。简单地说,单个商业资本的周转速度只能影响商品的单价。从下面例子可以看出,两者关系是:周转越快,单价越低。

假定商人进货100件,每件1元,共预付100元;如果利润率$=15\%$,则商业利润$=100\times 15\% =15$元。这样,每件商品的销售价格就$=1.15$元。

如果年周转速度由1次增快到5次,这个商人反复用这100元可以进货500件,但平均利润率从而商业利润并不管周转的变化,这100元仍然只取得$100\times 15\% =15$元利润。不过,这15元利润现在不是分摊到 100 件上面,而是分摊到 500 件上面,每件商品的销售价格就由原来的 1.15 元下跌到 $(500+15)/500=1.03$ 元。

那末,商人为什么还愿意忙于加速他的资本周转呢?这是因为客观上存在着一个平均周转速度。假定年平均周转为 5 次,上述商品的市场价格就由 1.03 元来调节。高于这个价格就没有竞争能力,低于这个价格的还能取得超额利润。例如,一个商人资本如果年周转 8 次,他的商品的个别价格就等于 $(800+15)/800=1.019$ 元,他如果以 1.02 元出售,他的商品比市场价格低 1 分钱,也就是说,每件商品所含利润少了 1 分钱,但所得的总利润 $=800\times0.02=16$ 元,比平均利润 15 元还超额 1 元。

商业资本的历史 商业资本的运动是产业资本运动中的流通资本的独立化。这一内在联系以资本统治产业为前提。但在资本的形成过程中,却是先产生商业资本,而后才产生产业资本。

前资本主义社会的商业资本是古老的资本,它与产业资本无关。它是产生于简单商品流通,以贱买贵卖增殖自己。它瓦解各种生产使用价值为特点的生产方式,但不决定生产方式的未来。它只有在封建生产方式行将崩溃,才对资本主义生产方式起一些促进作用。之后,它就从属于产业资本。

第八章 资本两权分离与平均利润分割

在叙述职能资本和平均利润时,我们假定资本是职能资本家自有的,即两权(所有权和使用权)合一的资本。当着职能资本家缺乏自有资本并向货币资本家借入资本经营时,资本就两权分离,就产生了近代形式的生息资本即借贷资本,它是作为所有权的资本。于是我们进入第五篇。这是第3卷中篇幅最长、难度最大的一篇。

假设年平均利润率为20%,如果职能资本家自有100元当作资本来使用,就会取得20元利润。如果职能资本家没有这100元,必须向货币资本家借,货币资本家就握有一个使100元变为120元的权力,他让渡这种权力给职能资本家,后者就必须在年终时,支付这100元生产20元利润的职能的这种使用价值。假设职能资本家以他的年利润20元的一部分,例如5元,来支付这100元资本的使用价值。他付给货币资本家的这个利润部分,就叫做利息。从这个例子可以看到,生息资本的形成从而使利润分割,是资本的所有权与使用权分离的结果,并人格化为货币资本家与职能资本家的对立关系。

这里,生息资本基本上是从职能资本中分离出来的货币资本的独立化。生息资本不是职能资本,它要经过贷放才转化为职能资本。同一资本(不是两个资本),在生息资本家手里,它是作为所有权的资本,它转到职能资本家手里便作为使用权的资本。它只有在使用时才能带来平均利润,而作为所有权又有权分割平均利润,于是,平均利润分割为利息和企业利润。

生息资本又展开为银行资本和虚拟资本。这些资本的积累大大超过现实资本的积累,并促进现实资本的积累。

生息资本来自职能资本中部分货币资本的独立化,生息资本的运动也就以职能资本运动为基础,并反作用于职能资本运动。这是这部分的主要脉络。

这里,呈现出来的现象则是:

生息资本表现为特殊商品——资本商品;

资本商品的流通不是买卖,而是借贷,

它的循环是 $G—G'$;

它的价格是利息和利息率;

经营资本商品的商业是银行;

资本商品还会转化为有价证券(债券、股票等);等等。

这些货币资本形成金融资本,使资本主义生产由自由竞争阶段转到垄断阶段。

第3卷第五篇共十六章,大致可分为以下五个部分:

第二十一到二十四章	生息资本和职能资本;
第二十五到二十九章	银行资本和虚拟资本;
第三十到三十二章	货币资本积累和现实资本积累;
第三十三到三十五章	信用制度下的流通手段;
第三十六章	生息资本的历史。

一、生息资本与利息

生息资本与职能资本

生息资本一般以货币资本形式存在。

生息资本从某种意义讲也是一种商品,但不是普通商品而是特殊商品。这种商品的特殊性不在它具有价值,而在它具有一种特殊使用价值——贷给职能资本家使用能够生产利润。"这样,货币除了作为货币具有使用价值以外,又取得了一种追加的使用价值,即作为资本来执行职能的使用价值。在这里,它的使用价值正在于它转化为资本而生产的利润。就它作为可能的资本,作为生产利润的手段的这种属性来说,它变成了商品……资本作为资本,变成了商品。"(第378页)

生息资本的循环形式就是它作为资本商品的流通形式 $G-G'$,起点是贷出的货币资本 G,回归的是连本带利的货币资本 G'。

生息资本的循环,实际上是以职能资本的循环为前提为中介的,它和产业资本循环的关系是

$$G-G-W\cdots P\cdots W'-G'-G'$$

它和商业资本循环的关系是

$$G-G-W-G'-G'$$

在这样的联系中,货币资本是双重的支出,先作为生息资本(第一个 G)支出,再作为职能资本(第二个 G)支出;和双重的流回,先作为资本价值加平均利润($G' = G +$ 平均利润)流回到职能资本家手中,再作为资本价值加利息($G' = G +$ 利息)流回到生息资本家手里。

在这种特别的流通中,就生息资本本身来讲,它的特征是,作为起点的 G 的支出形式(贷放)和作为终点的 G' 的流回形式(带着利息流回)。因此,资本商品的流通不是买卖关系,而是借贷关系。

从这样的联系可以看出,生息资本之所以作为**资本**商品,它独特性质在于它不仅对资本所有者(贷者)是资本,而且对资本使用者(借者)也是资本。因而在这样的联系中,生息资本又是借贷资本。

在这样的联系中,生息资本的周转也是以职能资本的周转为

基础为中介的,因而对不同周转的职能资本发放长期、中期或短期的贷款。生息资本贷出的条件:(1)按时归还;(2)带着利息归还,并且利息和归还时间成正比,而不管借款人是否进行以及如何进行资本的循环。于是生息资本被表现为不依靠任何媒介的中间运动,也会作为资本,并作为增殖了价值的资本流回来。$G—G'$,把 G 贷出一定时期,然后把它连同利息一起收回,这就是它的运动的全部形式。

$G—G'$ 表面上脱离了职能资本的中间运动,就只表现为贷者与借者在法律上的契约关系。但是,这中间的职能资本的循环和周转却是它的基础,也是这种法律关系的经济基础。

利息和利息率 利息形成同产业资本循环本身无关,只是因为资本家分为货币资本家和职能资本家,才使平均利润分割为利息和企业利润。这本是平均利润的量的分割,但当它们表现为不同资本的果实时便表现为质的分割。资本在生产和流通过程之外作为所有权的资本(生息资本),它的果实是利息;资本在生产和流通过程之内作为使用权的资本(职能资本),它的果实是企业利润。平均利润的两个分割部分,利息和企业利润,当着它们和资本这两重规定性联系起来,单纯量的分割便表现为质的分割。

实际上,这不是两个资本的运动,而是同一资本的两重运动。资本首先作为所有权的资本(生息资本,即第一个 G)开始贷借运动,然后转化为使用权的资本(职能资本,即第二个 G)开始占有利润的运动,由于它只有在使用时才带来平均利润,它的两重运动并不能带来双倍的平均利润,这个两重运动的结果只能分割同一个平均利润。作为所有权的资本(借贷资本)要求利息,作为职能资本则要求企业主收入(即企业利润)。利息与企业主收入本来是利润的量的分割,却被表现为资本本身性质不同而发生的质的分割。

这样,即使用自有资本经营的职能资本家也具有双重的身份,即资本的所有者和使用者,他的资本则是作为所有权的资本和使用权的资本的统一,他占有的平均利润也要分割为利息和企业利润,他也会把平均利润的一部分(利息)看作是生产和流通过程之外的果实。

由于平均利润的量的分割表现为质的分割,利息就表现与剥削雇佣劳动毫无关系,资本关系就只表现为 $G—G'$,表现为 G 作为物自己会带来更多的 G(即 G')。"只要它被贷放出去,或者投到再生产过程中去……那就无论它是睡着,还是醒着,是在家里,还是在旅途中,利息都会日夜长到它身上。"(第443页)这样,货币拜物教从而资本拜物教就纯粹地表现出来了。

另一方面,企业利润则只表现为利息的对立物,一方面减少,另一方面就增加,也好像与剥削雇佣劳动无关。并且,相对于生息资本家来讲,职能资本家还以为他取得企业利润不像生息资本家坐收利息,而是花了气力的,他把自己看作"劳动者",把企业利润看作他的监督劳动的"工资",并且认为这种劳动是复杂劳动,应当取得高额工资。

平均利润分割为利息和企业利润,本来是雇佣劳动所创造的剩余价值的分配和再分配关系,现在颠倒地表现为平均利润的形成的原因,资本对雇佣劳动的剥削关系也就被掩盖了。

利息是生息资本的增殖额,或者说是资本商品的价格。利息表面上是按利息率计算的,即

利息 = 贷出资本 × 利息率

或者 = 平均利润 × 利息在平均利润中的比重

= 贷出资本 × 平均利润率 × 利息在平均利润中的比重

将头尾两等式相约,就有

利息率 = 平均利润率 × 利息在平均利润中的比重

由于利息在平均利润中的比重变化于0与1之间,利息率就变化于0与平均利率之间。在特殊情况下,例如在危机前夕,市场银根紧缩,利率猛增才会突破平均利润率这个最高界限。

利息率从长期趋势来看,不仅因为它的最高界限的平均利润率有下降倾向,而且因为资本主义信用制度使生息资本的供给不断增加,所以利息率更有倾向下降的趋势。当然这里撇开通货膨胀影响。

二、银行资本和虚拟资本

银行资本 正如普通商品的出现就会出现商品市场,在市场上就会出现专门从事买卖商品的商人一样,资本商品的出现也会出现借贷资本的市场(或货币资本市场),在这个市场上也会出现专门从事资本商品"买卖"(借贷)的"商人",这类商人就是银行家。银行家是贷者(货币资本家)和借者(职能资本家)之间的中介人。随着银行家的出现,银行资本也出现了。银行资本不仅来自货币资本家的货币资本,而且来自社会各方面的货币以及信用工具。银行资本是借贷资本的复杂形式。

银行资本从资金来源来看,包括自有资本和客户的存款。银行拥有雄厚的自有资本才能取得客户的信任,才能吸收更多的存款,但存款总是大大超过银行的自有资本。

存款是由多种渠道流入银行的。首先,职能资本在再生产运动中的固定资本折旧基金、先行的货币积累基金、一切暂时游离的货币资本等等都会存入银行,银行又将它贷放给另一部分进行再生产的资本家作为预付货币资本。这样,产业资本家自己循环中闲置的货币资本没有直接转化为他们预付的货币资本,反而表现为他们向银行借入资本来预付。"因此,银行家就表现为恩赐者了;同时,对这种资本的支配权,就完全落到作为中介人的银行家手里了"(第573页)。第二,货币资本家的存款(它通过银行贷给职能资本家)。第三,由于利息的作用,还使一切阶级的闲置货币(包括逐渐花费的各种收入)都会存入银行。这样,本来不能作为资本的小额货币,银行把它们集中起来,然后贷放出去转化为资本。

银行把货币资本贷放出去就是银行提供信用贷款。银行信用(信用就是借贷关系)是在商业信用的基础上建立起来的。

1. 商业信用

这是职能资本之间的贷借关系,它首先是适应产业资本循环的需要,同时也适应商业资本循环的需要而发生的。在产业资本循环或商业资本循环的出售阶段 $W'—G'$,如果商品 W' 的出售不是现金交易而是延期付款,就发生了商业信用。当着工厂主或商人 A 的商品资本(例如棉纱)以信用形式卖给 B(例如卖给织布厂主或棉纱商人)时,A 没有取得现金,而是取得一张商业票据——商业信用的书面保证。商业票据可以作为商业货币在一定范围内背书流通。这种票据到期时由 B 兑还现金并加利息。这种贷放形式虽然最初是 A 以商品资本贷出,但实际上是以它能实现的货币资本贷出。在这种赊销活动中,商品的转手只要取得一张商业票据。商业票据在到期之前,又会作为支付手段来流通。商业信用是一个职能资本家(生产者或商人)以商品资本形式提供给另一个职能资本家的信用,因而局限于互相了解的职能资本家之间,它的量也只局限于职能资本中的闲置部分。为了社会总资本再生产和流通的需要,在商业信用的基础上又产生了银行信用。

当着持有商业票据的职能资本家在未到期前需要现款时,他就拿这张票据到银行贴现(未到期的票据扣除利息贴换成现金)。本来是职能资本家 A 提供给职能资本家 B 的商业信用,现在转化为银行对 B 提供的信用;如果银行以自己的银行票据来贴现商业票据,那就不仅对 B 而且对 A 也发生了信用关系。

2. 银行信用

银行的信用贷款,还可以通过抵押贷款,存款透支等等方式来进行。

银行资本如果从它的物质形式来看,则由现金(黄金和银行券)和有价证券(国债券、股票、商业票据以及不动产抵押单等等)构成。银行的现金准备部分只占很小比重,因为银行的自有资本不仅用作准备金而且用于信贷业务,银行吸收的存款又大部分贷放出去了。所以,银行资本的大部分是由有价证券构成的,而有价证券的相当部分又是由虚拟资本构成的。

银行自有资本就它作为生息资本来讲,当然只能提供利息,但是银行还会取得存放款利息的差额,把这两部分加起来,银行自有资本所取得的利润也不低于平均利润。

银行,本来是作为再生产和流通的一个小小助手不声不响地挤了进来,它把社会上大大小小的货币资金吸引到自己的手中,变成一个实现资本集中的庞大机器。"银行制度,就其形式的组织和集中来说……是资本主义生产方式的最精巧和最发达的产物。"(第685页)"随着大工业的发展,出现在市场上的货币资本,会越来越不由个别的资本家来代表……而是越来越表现为一个集中的有组织的量,这个量和实际的生产完全不同,是受那些代表社会资本的银行家控制的。"(第413页)这个被银行支配的市场上的货币资本,"根据每个特殊部门的生产需要,被分配在不同部门之间。"(第413页)

虚拟资本 虚拟资本以生息资本的存在为前提。生息资本运动的特点是:一个贷放的货币资本,按利息率计算,定期带来一个利息收入。由于存在着这样的关系,会颠倒地表现出一种假象:一个定期收入,按利息率倒算,可以看作是一个资本的利息,虽然这个资本并不存在,是虚拟的、幻想的资本。用公式来表示,先有

生息资本 × 利息率 = 定期收入的利息

然后观念地颠倒为

定期收入 ÷ 利息率 ＝ 虚拟资本

本来是生息资本生出利息,现在是颠倒为定期收入(不管它是不是利息)生出资本,即把收入化为资本,所以虚拟资本实质上是收入的资本化。并且,在现实生活中,这种观念的资本还会物化在可以直接转移的形式上,即物化在有价证券(国债券、股票等)上面。

投到国债券(当时英国债券)的资本,被资本主义国家非生产地花掉了,资本本身已经不存在了。但是,持券人凭券每年仍然可以取得一个确定的货币收入(公债利息),它是国家用赋税来支付的。可见,国债券并不是现实资本,而是定期收入的索取权证书。这种索取权证书,不能要求国家偿还本金,但可以将它出售收回本金。

例如,一张票面额 100 元的债券,凭券每年可取利息 4 元,出售这张债券时市场利息为 5%,卖价就是 4 元 ÷ 5% ＝ 80 元;如果市场利息率为 2%,卖价就上升为 4 元 ÷ 2% ＝ 200 元。所以,卖价可以小于或大于票面额。

在这个买卖中,对于购买债券的人来说,他的资本是当作生息资本投下的,对于出售债券的人来说,则是他原来投下的生息资本的收回。可见,虚拟资本不是生息资本本身,它只是生息资本的投资场所;不过,以有价证券形式存在的虚拟资本,既可以定期取得收入,又可以通过出售回收本金,所以又可以说它是一种名义上的生息资本。但是,不管国债券在买卖中如何具有生息资本的特点,它仍然是虚拟资本。

股票也是虚拟资本,不过与国债券不同。投到国债券上的资本已经非生产地花掉了,国债券不代表现实资本。投到股票上的资本则被股份企业用于再生产和流通,股票代表现实资本。"但是,这个资本不能有双重存在:一次是作为所有权证书即股票的资本价值,另一次是作为在这些企业中实际已经投入或将要投入的资本。它只存在于后一种形式,股票只是对这个资本所实现的剩余价值的相应部分的所有权证书"(第529页)。因此,股票虽然代表现实资本,但只是现实资本的纸制复本,它本身仍然是虚拟资本。

一般说来,股票的买卖,它的价格的确定,它和生息资本的交错联系,都和前面的国债券的有关原理一样,只是更复杂而已。就股票的价格(行市)来讲,它由股息、利息率、股票的供求状况以及发行股票的企业的信誉等因素来决定。这些因素都是捉摸不定的,因而股票买卖具有很大的投机性。正是在股票的暴涨暴跌中,投机失败者的财产转移到胜利者的手中。社会地讲,货币资本也因此愈来愈集中到大资本家手中,特别集中到银行家手中。

三、生息资本积累和现实资本积累

生息资本积累和现实资本积累　　生息资本积累和现实资本积累的关系,也就是生息资本积累和资本主义扩大再生产的关系。显然,生息资本积累远远超过现实资本积累,远远超过再生产扩大的规模,这可以从以下几方面看出。

第一,名义的生息资本积累和现实资本积累。

前面说过,投入国债券的资本已经被国家非生产地花掉了,所以国债券的积累根本不代表现实资本的积累。"国债券的积累,不过是表明国家债权人阶级的增加,这个阶级有权把税收中的一定数额预先划归自己所有。债务积累也能表现为资本积累这一事实,清楚地表明那种在信用制度中发生的颠倒现象已经达到完成的地步。"(第539—540页)

股票与国债券不同,由于它代表现实资本所以它的积累也能反映现实资本的积累。但这是有条件的,只有在现实资本积累采取股份资本形式时才会这样。如果已有的现实资本合并为股份资本,现实资本并未增加,股票却大量增加了。这样积累就不表示现实资本积累。

国债券积累和股票积累从数量上讲,还是它们的市场价格即幻想资本价值的积累。这个名义价值还会随着利息率的下降趋势而必然出现上涨的趋势。

总之,由于国家债务的增长,独资或合伙企业向股份公司的转化,以及利息率的趋向下降种种原因,名义的生息资本(虚拟资本)的积累远远超过现实资本的积累。

第二,商品资本转化形式的生息资本积累(商业票据积累)和现实资本积累。

商业票据是职能资本家以商品资本的转化形式提供信用的凭证。由于它是现实资本中商品资本 W' 的转化形式,因而它和现实资本积累一同增大。但它又不是 W' 本身,而是 W' 的债权证书,所以有时也不反映现实资本积累。例如,在危机时期,现实资本过剩反而表现为商业票据收缩。

第三,货币资本形式的生息资本积累和现实资本积累。

在上述商业信用的基础上建立起的银行信用,它的特点是货币资本形式上的生息资本。银行把社会上一切闲散货币资本集中起来并转化为借贷货币资本。这些货币资本的积累有的与现实资本积累有关,有的无关,因此,实际的货币资本积累也超过现实资本积累。这个超过部分的一部分会暂时转化为现实资本积累,驱使再生产过程暂时突破资本主义界限,终于促使危机早日爆发。

随着现实资本积累而增长得更快的生息资本积累,使食利者阶级也增长起来:(1)一些职能资本家转化为生息资本家;(2)经营真正货币资本的商人(银行家)也增加了;(3)经营名义货币资本的商人(证券经纪人)也增加了。

生息资本积累和经济危机的关系 在危机时期发生相反的现象,不是货币资本积累超过现实资本的积累,而是现实资本积累过剩,生息的货币资本严重缺乏。因为这时信用突然停止,支付停滞,利息率会升到它的最高限。资本主义生产相对过剩的经济危机就是以货币危机或信用危机为先导的。

由于危机时期借贷资本几乎绝对缺乏和现实资本的相对过剩结合在一起,有人就认为危机来源于借贷的货币资本的不足。实际上,现实资本的生产过剩危机是来源于资本主义生产方式内部矛盾的激化。无限发展的生产力和有限目的的生产关系互相矛盾,时而激化爆发为危机,时而缓和又孕育着更大的危机。所以,危机从根本上说,和借贷资本的供给没有关系。

不过,由于危机开始的时候,问题已经不是商品本身的出售,而是已有的商业票据的兑现,于是出现了对作为支付手段的现金的激烈追逐。一方面对借贷货币资本的需求增加;另一方面借贷货币资本的供给又因银行正窘于应付提取存款而缺乏。大家都要现金支付,现金却严重不足。所以乍看起来,好像整个危机只表现为信用危机和货币危机。而且,事实上问题只是在于商业票据能否兑换货币。但是这种票据多数是代表现实买卖的,而这种来源于现实资本积累的现实买卖的扩大,已经远远超过社会需要,这个事实终于成为整个危机的基础。所以,作为危机先兆的货币危机,并不是危机的原因,相反,它是资本生产过剩的结果和危机的表现形式。

商品资本代表可能的货币资本的那种特性,在危机中和一般在营业停滞时期,由于价格暴跌将会大大丧失。虚拟资本,生息的证券,在它们本身作为货币资本而在证券交易所内流通的时候,也是这样。它们的价格会在利率提高时下降,它们的价格还会因信用一般缺乏而下降,因为这种缺乏会强迫它们的所有者大量抛售这种有价证券,以便获得货币。至于股票价格的下跌,还由于股息的减少,特别由于有些股票还代表着带有欺诈性质的企业。在危机时期,这种虚拟的货币资本大大减少,它的所有者凭它在市场上获得货币的力量也会因此大大减少。这些有价证券在行情表上的货币名称的减少,虽然和它们所代表的现实资本无关,但是和它们的所有者的支付能力关系极大。

生息资本积累和流通中的货币量　　生息资本的积累不仅远远超过现实资本的积累,而且远远超过现实的货币量。虽然生息资本归结起来总是货币形式的资本,并且进行货币资本的贷放,但是,同一货币额,经过所有权的转移,可以成为若干倍的借贷货币资本;并且,如果银行运用它的信用凭证进行贷放,这样造成的货币资本还会和现实货币毫无关系。

例如,如果20元每天贷出五次,那末就有100元的货币资本被贷出,并且同时还包含这20元至少已经四次当作购买手段或支付手段来发生职能的意义。假定 A 以 20 元贷给甲,甲用以购买或支付流到 B;B 又用以贷给乙,乙用以购买或支付给 C……即:

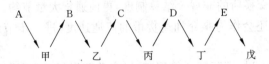

图中向下箭头是贷放关系,向上箭头是购买或支付关系。可见,如果没有四次购买或支付作为媒介,就不会构成一个 100 元的资本。

在流通手段只有比较小量存在的时候,是否能有巨额存款(即巨额可以利用的借贷资本),仅仅取决于:(1)同一货币所完成的购买和支付的次数;(2)同一货币作为存款流回银行的次数。这两个方面的运动是交错在一起的。例如,一个零售商店每周把货币 100 元存入银行;银行用它来支付工厂主的存款;工厂主用它支付工人工资;工人用它付给零售商;零售商把它重新存入银行。因此,经过

20周后,如果他自己没有动用这笔存款,他就已经用这100元在银行里存入了2 000元。在这里,流通的货币只有100元,可用以借贷的货币资本却变为2 000元了。

四、信用制度下的流通手段

在信用制度下可以大量节约流通手段即节约通货(流通的货币)。

从国内讲,各种信用工具(商业票据、支票等)可以代替大量的通货。

商业票据在未到期前可以作为货币在有关职能资本家之间流通。例如,织布厂主以一张1万元面额商业票据向纺纱厂主购买棉纱,纺纱厂主再用它向进出口商人购买进口棉花,商人又用它收购织布厂主的棉布出口,这3万元营业无需分文现金。

支票的作用就更大了。许多巨额的支付不用现金而用支票,并通过票据交换所的非现金结算制度,更使通货大量节约。

信用还会作为媒介加速货币的流通速度,进一步节约流通中的货币量。

从国际讲,国际间的信用工具(商业票据、银行票据等)也可以代替世界货币流通,只有在汇率突破它的高低限时,才发生作为世界货币的黄金的输出或输入。

五、生息资本的历史

前资本主义社会的生息资本

只要有商品流通从而货币流通,就会有支付行为,也就是有借贷行为,就会产生生息资本。在资本主义社会以前的生产方式中,越是古远,商品经济越不发达,金属货币也就越稀少,和古代商业资本并存的生息资本就越是奇货可居,因而最早的生息资本是以高利贷形式出现的。

高利贷贷放的主要对象是小生产者。它通过高利率占有小生产者全部剩余劳动乃至部分必要劳动,使生产力萎缩,所以它是保守的。高利贷资本只是消极地破坏旧的生产方式,只有在资本主义生产方式形成的条件已经具备的地方和时候,它才具有一点积极作用。

从高利贷资本到近代的借贷资本

资本主义生产是商品生产。商品流通不仅掌握生产的剩余,而且掌握生产条件本身。商品流通的扩展从而货币流通的扩展,不仅有着大量金属货币在流通,而且有着大量信用货币在流通。资本主义信用制度剥夺了高利贷者对货币的垄断,高利贷资本就让位给近代的借贷资本。

近代的借贷资本与高利贷资本之所以不同,并不在这种资本本身的性质或特征。"区别只是在于,这种资本执行职能的条件已经变化,从而和贷款人相对立的借款人的面貌已经完全改变。"(第679页)高利贷以小生产者,以奴隶主和封建主为对象;近代的借贷资本则以职能资本家为对象。在资本主义制度下,"即使得到贷款的产业家或商人是没有财产的人,那也是由于相信他会用借来的资本执行资本家的职能,占有无酬劳动。他是作为可能的资本家得到贷款的。一个没有财产但精明强干、稳重可靠、经营有方的人,通过这种方式也能成为资本家……这是经济辩护士们所赞叹不已的事情,这种情况……巩固了资本本身的统治,扩大了它的基础,使它能够从社会下层不断得到新的力量来补充自己……一个统治阶级越能把被统治阶级中的最杰出的人物吸收进来,它的统治就越巩固,越险恶。"(第679页)

这就是说,一个统治阶级为了加强自己的统治,就不仅在经济活动中吸收被统治阶级中有才干的人,而且在政治上更加如此。其实在前资本主义社会也是这样。旧中国的封建王朝做得就颇为出色。例如,秦王朝一统天下是和它历代君主重用知识分子分不开的。汉王朝取代秦以后,汉高祖还专门发了一个求贤诏令。封建王朝还通过科举制度将被统治阶级的杰出人物吸收进来以巩固各级封建统治。显然,剥削阶级是为了加强它的统治,才重用知识分子,并且巧妙地把被统治阶级的异己力量转化为自己的力量,这就是它险恶之处。况且,它决不是为了爱护知识分子,稍不如意它就大兴文字狱,残酷镇压。

在社会主义社会,知识分子作为智力劳动者,本身就是工人阶级的组成部分,他们不仅在政治上是依靠力量,而且是科学技术生产力的开拓者。因此,人民政府吸收一切可以团结的知识分子来加强自己的统治,决不是为了一个阶级的私利,而是为了人类可持续发展的、美好的未来。

信用在资本主义生产中的作用

到现在为止,我们关于信用制度所作的叙述可以归结为以下几点:

1. 整个资本主义生产是建立在利润率平均化运动的基础上,适应这个运动需要而形成的信用制度对这个运动起中介作用——使资本便于在部门之间流转

2. 节约流通费用
(1) 节约流通手段从而节约货币的流通费用。
(2) 缩短资本循环中的流通时间从而节约资本的流通费用。

3. 使资本的所有权和使用权相分离,并把资本所有权逐步集中在银行手中

4. 促进股份公司的成立

股份资本是适应生产社会化的社会化资本。股份企业使职能资本家转化为单纯的经理,转化为资方代理人,因而能吸收被统治阶级中精明强干的人物来加强资本的统治,另一方面,资本的所有者则转化为单纯食利者。

随着股份公司的普遍建立,"竞争已经为垄断所代替,并且已经最令人鼓舞地为将来由整个社会即全民族来实行剥夺做好了准备"(第495页)。

5. 使再生产过程强化到极点,使商业过度投机

"因此,信用制度加速了生产力的物质上的发展和世界市场的形成;使这二者作为新生产形式的物质基础发展到一定高度,是资本主义生产方式的历史使命。同时,信用加速了这种矛盾的暴力的爆发,即危机,因而加强了旧生产方式解体的各种要素"(第499页)。

* * *

社会主义制度下的国有企业资金,也有一个所有权和使用权的关系问题。资金的所有权当然属于国家,资金的使用权则交给企业。因此,宜将资金的无偿调拨改为有偿使用。如果国家通过银行掌握资金所有权,那末,利息便会作为资金所有权在经济上借以实现的形式,扣除利息以后的企业利润则是运用资金使用权的结果。这样,利息和企业利润的划分,既首先保证了国家的利益,又促使企业在努力节约资金的前提下取得相应的企业利润。

如果全民所有制企业占用资金不付或少付利息,全民所有制就会蜕变为企业所有制,就会浪费资金并使按劳分配难以贯彻。

利息和利息率本来是平均利润和资金利润率的再分配形式,又是职能资金周转运动派生的结果。前者表明它以资金占用量为前提,后者表明它又必须按时间来计算。另一方面,利息对资金占用量和资金周转速度(实际是建设和再生产速度)起着非常重要的反作用。因为多占资金就要多付利息,为了减轻利息负担,就迫使各个单位尽量减少占用资金,又迫使基本建设单位缩短工期,迫使各个企业加快再生产和流通的速度。

第九章 土地两权与超额利润和地租

　　土地的两权合一会取得超额利润。两权分离后,所有权使超额利润转化为地租,使用权则取得新增的超额利润。

　　土地是生产力的源泉;已开发的土地又转化为直接生产力的客体要素(生产资料),或作为劳动对象,或作为劳动资料。在商品经济下,土地产品以致土地本身也要在价值上得到表现,并具有特殊的价值规定;一切产品的价值规定也因此得到补充;从而商品价格构成也得到补充。《资本论》第3卷以大量篇幅叙述剩余价值转化为平均利润,因而价值转化为生产价格,即

$$生产价格 = 成本 + 平均利润$$

现在,再把使用土地的条件追加进去,抽象的生产价格就随之展开为特殊涵义(以使用土地为条件)的垄断价格,即

$$垄断价格 = 成本 + 平均利润 + 超额利润$$

这个价格的特点在于在抽象的生产价格上面追加了一个超额利润。这个超额利润则由土地产品的特殊价值规定所决定。这实是生产价格的完成形式,是市场价格波动的实际中心。当然,它的背后仍然是商品价值,它不过是价值的进一步转化的形态。

　　正如平均利润是剩余价值的分配形式一样,超额利润也是剩余价值的分配形式。这是以使用土地为条件而得到的收益,因此,

谁占有土地谁就会去占有这份收益。虽然商品经营者通过商品价格最先取得这份超额利润,但不是最后占有者。土地所有权会使它以地租形式转入土地所有者的口袋中。地租有多种形态——级差地租、绝对地租和垄断地租。地租还会转化为租金并进一步转化为土地价格。

按照从内容到形式、从一般到特殊的顺序,以下依次叙述生产力→超额利润→地租(以及租金)→土地价格的内在联系。也就是说,为了弄清地租问题,需要弄清以下四个层次的问题:(1)以使用土地为条件的生产力的差别(这在任何社会都存在);(2)土地产品以及加工产品作为商品使土地生产力的差别带来超额利润(这在商品经济下都存在);(3)土地所有权(不论私有权还是公有权)将超额利润转化为地租;(4)按利息率计算的地租的购买价格(它表现为土地价格)。

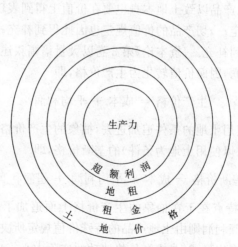

第3卷第六篇共十一章,大致可以分为以下五个部分

第三十七章　导论;

第三十八到第四十四章　级差地租;

第四十五章　绝对地租；
第四十六章　非农业用地的地租。土地价格；
第四十七章　地租的历史。

一、导　　论

土地与生产力　　作为生产力源泉和基本生产资料的土地是土地具有的自然力。土地是一个自然力的综合体，它由地貌、岩石、土壤、水等等组成一个垂直剖面。土地蕴藏着生物资源和非生物资源，其中有些作为生活资料的资源，有些作为生产资料的资源。这些资源转化为土地产品（农产品、矿产品）。

土地具有如下特性，即有限性、差异性和固定性。这是因为：(1)地球上的土地是有限的，一国的土地更是有限的，它是稀缺的资源；(2)每一块土地的表层深度和质量是不同的，地域气候条件也是不同的，它们有着潜在的、级差的自然力；(3)任何一块土地都有固定的地理位置，这种位置是不能搬迁的，它们靠交通运输联系起来。正是在这一联系中，不同位置的土地也具有级差生产力，因为在不同位置的土地上进行生产，同量产品所耗运输劳动不等。

当着土地的自然力与劳动力结合时，它转化为直接的生产力，并且是劳动的自然生产力，或者说，是以自然力为条件的劳动生产力。不仅如此，人们在使用土地时，一般要先开发土地。于是在土地中渗入（追加）劳动的社会生产力，特别是渗入劳动的技术生产力，形成了劳动的综合生产力。

这个综合生产力在不同部门有不同的变化规律。一般说来，不管什么部门，只要合理开发土地，起初形成的土地的综合生产力总是表现为上升的劳动生产率；但是到后来就发生不同的变化，有的上升，有的下降，有的不变。这些将在农业、采矿业和建筑地段部分加以阐述。

第三十七章到第四十六章叙述生产力和地租时是以农业为例说明的,然后在第四十六章才论述采矿业和建筑地段的情况和问题。

关于农业劳动生产力,有三大问题特别值得注意:

Ⅰ.土地规模经营才能提高农业生产力(微观)

封建社会农业多是小块土地经营,其前提是"人口的最大多数生活在农村;占统治地位的,不是社会劳动,而是孤立劳动;在这种情况下,再生产及其物质条件和精神条件的多样化和发展,都是不可能的,因而,也不可能具有合理的耕作条件"(第916页)。具体说来,"小块土地所有制按其性质来说就排斥社会劳动生产力的发展、劳动的社会形式、资本的社会积聚、大规模的畜牧和科学的不断扩大应用"(第910页)。

在资本原始积累时期,随着资本对小农土地的剥夺,形成资本主义大农场,进行土地规模经营,大大提高农业生产力。

Ⅱ.保护土地自然力和城乡生态化才能使生产可持续发展(中观)

农业是培育生物的产业,只有保护生态环境,保护农用土地的自然力,才能使农业生产力可持续发展。因此,光有土地规模经营还不够。

土地的规模经营大幅度提高农业生产力,"使农业人口减少到不断下降的最低限度,而在他们的对面,则造成不断增长的拥挤在大城市中的工业人口"(第916页)。"这样一来,它一方面聚集着社会的历史动力,另一方面又破坏着人和土地之间的物质交换,也就是使人以衣食形式消费掉的土地的组成部分不能回到土地,从而破坏土地持久肥力的永恒的自然条件。这样,它同时就破坏城市工人的身体健康和农村工人的生活。但是资本主义生产在破坏这种物质变换的纯粹自发形成的状况的同时,又强制地把这种物质变换作为调节社会生产的规律,并在一种同人的充分发展相适合的形式上系统地建立起来。"(第1卷第552页)对此,恩格斯也指出:"只有通过城市和乡村的融合,现在的空气、水和土地的污染才能排除,只有通过这种融合,才能使现在城市中日益病弱的群众的粪便不致引起疾病,而是用来作为植物的肥料。"(《反杜林论》第292页)

Ⅲ. 能够提供剩余产品的农业生产力才是国民经济的基础(宏观)

人们常说,农业是国民经济的基础。其实这样说并不精确。严格地讲应该是:"超过劳动者个人需要的农业劳动生产率,是一切社会的基础。"(第885页)如果生产力很低,所生产的农产品绝大部分为农业劳动者自给性消费,国民经济其他部分就难以建立和发展。因此,只有能够提供剩余产品的农业劳动生产率才是国民经济的基础。

以上农业三大问题,都是和保护与合理利用土地的自然力,是和控制农村人口数量与提高人口素质分不开的。因而土地与生产力的关系也可以看作是人地关系。

矿业则与农业不同。微观地讲,作为土地的一个矿山或一个油田,它所蕴藏的矿物总是随着开采而日益减少,而且愈到后来愈难开采,需要投入愈多的物化劳动(采矿设备)。因此,某一矿山或油田的开采,到后来其生产力总是递减的。而不像农业那样,只要保护好土地资源(自然力)就可以持续保持其较高生产力。总之,"劳动生产率也是和自然条件联系在一起的,这些自然条件所能提供的东西往往随着由社会条件决定的生产率的提高而相应地减少。因此,在这些不同的部门中就发生了相反的运动,有的进步了,有些倒退了"(第289页)。

根据上述原理,既然矿业所开采的是非再生性资源,一个国家就应审时度势,通过国际市场,低价引用世界富矿资源,保存自己不够富集的矿山与油田,以备他日之用。

垄断价格与超额利润　　作为生产力源泉或直接生产力的土地所具有的三个特性,在商品生产关系上有着特殊的表现。土地的有限性,一方面使在土地上经营商品具有垄断性,另方面又使土地所有权得以垄断,因而使商品具有特殊价值规定,形成了垄断价格。土地的差异性和固定性(固定性也是差异性,是地理位置上的差异性),使土地具有级差的生产力,商品按同一垄断价格出售,会实现级差的超额利润。

就农业来说,随着农民土地被剥夺而建立起来的资本主义生产方式的发展,土地产品也商品化了。在土地上进行资本主义商品经营,由于农业劳动生产力落后于工业生产力,等量资本所生产的农产品价值大于生产价格(或称费用价格,它等于所耗资本加平均利润),可以取得一个超额利润。另一方面,在农业内部,它的个别价值低于市场价值,还可以取得一个超额利润。前一个超额利润是绝对地租的实体,后一个超额利润是级差地租的实体。

超额利润转化为地租　　由于超额利润是以使用土地为条件的结果,土地所有权就把它从商品经营者的口袋中转到土地所有者口袋中。它在经营者口袋中是超额利润,到了土地所有者口袋中便是地租。也就是说,土地所有权将超额利润转化为地租。

土地所有权的经济价值就在于凭它可以取得地租,或者说,"地租是土地所有权在经济上借以实现即增殖价值的形式"(第698页)。这里讲了一个非常重要的原理,即所有权一方面决定分配关系,另一方面它又要由分配关系来实现。也就是说,所有权的实现形式应指分配形式。

土地所有权有各种形式,这里只分析它的资本形式,这是以商品生产为内容的形式。在这个形式中,土地属于资本主义性质的土地所有者,农业资本家向土地所有者租赁土地,然后投资于土地,雇佣农业工人耕种土地。在这种关系中,土地的所有权和使用权分离;农业劳动者隶属于资本而不附属于地产,因而也不存在人身依附关系。

与上述生产关系相应的分配关系则是,雇佣工人所创造的新价值 $v+m$ 会作为收入分配给三种所有者:工人作为劳动力的所有者以工资形式取得 v,资本家作为资本所有者以利润形式取得 m 中的平均利润部分,土地所有者以地租形式取得 m 中超过平均利润的剩余利润部分。这各种收入形式都是体现相应的所有权的经济形式。在这里,即使土地所有权也成为一种纯粹经济形式,只体现为一定的货币地租,这正是商品经济所表现的资本主义土地所有权的特征。

这各种生产要素的所有者构成了资本主义社会三个互相对立的主要阶级——雇佣工人、产业资本家和土地所有者。

如果土地所有者在自己占有的土地上进行资本主义经营,那么,在他占有的剩余价值 m 中也会作如下的分割,他作为土地所有者占有地租,作为资本所有者和使用者占有平均利润;进一步说,他作为资本所有者占有利息,作为资本使用者占有企业利润。利润、利息和地租本是剩余价值的量的分割,只是因为它们与生产资料(包括土地)的所有权和使用权联系起来才表现为质的分割。

在弄清地租的一般原理以后,还要进一步弄清地租与租金以及地租与地价(土地价格)之间的关系。

地租与租金 严格意义的地租是为土地本身使用而支付的地租。实际支付的租金则是除了严格意义的地租外,还包括合并在土地上的固定资本的利息和折旧费等内容。因此,房租和房价只是表象,实质上是土地租金和地价。

租金一般和级差地租 II 联系在一起。当着承租者在土地上追加投资,兴建不动产,如土地本身的改良、水利设施、仓库、房产等固定资产,到了租约期满,随着土地的归还,这些合并在土地上面的残存的固定资产,也被土地所有者所吞并。土地所有权还将这部分占来的固定资金的利息和残余的折旧费并入级差地租Ⅱ,使地租转化为租金,向下一个承租者收取。地租的租额也因此增大了。

马克思曾结合英国情况作如下叙述:"资本能够固定在土地上,即投入土地,其中有的是比较短期的,如化学性质的改良、施肥等等,有的是比较长期的,如修排水渠、建设灌溉工程、平整土地、建造经营建筑物等等。我在别的地方,曾把这样投入土地的资本,称为土地资本。它属于固定资本的范畴。为投入土地的资本以及作为生产工具的土地由此得到的改良而支付的利息,可能形成租地农场主支付给土地所有者的地租的一部分,但这种地租不构成真正的地租。真正的地租是为了使用土地本身而支付的,不管这种土地是处于自然状态,还是已被开垦……把真正地租的变动完全撇开不说,这就是随着经济发展的进程,土地所有者日益富裕,他们的地租不断上涨,他们土地的货币价值不断增大的秘密之一。这样,他们就把不费他们一点气力的社会发展的成果,装进他们的私人腰包——他们是为享受果实而生的。"(第698—699页)

地租或租金转化为土地价格

土地和自然力一样,不是劳动的产物,不是商品,没有价值,从而也没有那个反映价值的价格。土地价格实质上是长期出租的土地的地租价格。又由于承租人实际支付的是租金,所以实际上它是土地租金的价格。为简单起见,下面只用地租这个词来说明,具体说来,土地价格可以看作是按利息率计算的地租价格。地租是一项定期收入,它类似利息。一个投资者将一笔资金购买土地所带来的地租,相当于将这笔资金存入银行所得到的利息,因此

$$土地价格 = 地租 \div 利息率$$

正是在这个关系上我们说,土地价格是按利息率计算的地租价格。

从这个关系还可以知道,由于地租以及租金有上涨趋势,又由于利息率有下降趋势,所以地价的上涨速度超过了地租的上涨速度。地价"即一定年数的地租,或者,一定年数的地租总额"①。"或者在可能时,按较短的期限出租。这个期限一满,建筑物就随同土地本身一起落入土地所有者手中"。并且,租地人还必须将他们在这块租地上建设的房屋、船坞设备……附着于土地的建筑物保持在良好状况下移交给大土地所有者(第700页)。

二、级差地租

级差地租是投到土地上的资本相对于投到最劣土地上的等量资本具有较高生产力的结果。这些级差的生产力表现在土地产品的级差的超额利润上面。土地所有权又把级差的超额利润转化为级差地租。

级差地租又分为级差地租 I 和级差地租 II。

级差地租 I 是等量资本投在等量面积的级差土地上带来的结果(超额利润)的转化形式。

级差生产力 级差的超额利润是由两个与资本形式无关但与物质内容(生产力)有关的原因造成的:一是土地的**丰度**,一是土地的**位置**。正是这两个原因造成了级差的土地生产力,即以级差的土地丰度或位置为条件的劳动生产力。

从土地的位置来讲,距离市场越近,由市场运往企业的生产资料和由企业运往市场的产品的运输劳动就相应减少,单位产品所耗劳动就减少(也就是劳动生产力提高),产品的个别价值就低于市场价值,就会取得超额利润。

因此,一国在开垦土地时,往往先从城市近郊开始扩展到远

---

① 《马克思恩格斯全集》第26卷(I),第383页。

郊,而不管近郊的土地是优等地还是劣等地。

随着生产的发展,新的生产中心的形成从而新的市场的形成,以及交通工具的改进,又会使土地位置发生相对变化,这个变化又使同一土地能够提供的超额利润发生变化。

至于土地丰度(这是我们分析的重点),首先是土地的自然丰度,即土壤的肥沃程度。"撇开气候等要素不说,自然肥力的差别是由表层土壤的化学结构的差别,也就是由表层土壤所含植物养分的差别形成的。"(第733页)但是,自然丰度被利用的程度还要取决于农业化学和农业机械的发展。简单地说就是,劳动的自然生产力还必须和劳动的社会生产力相结合。这个问题留在级差地租Ⅱ时展开。

级差超额利润 在商品经济条件下,一方面由于社会对土地产品(农产品、矿产品)的不断增加;另一方面由于土地有限,优等土地更有限,较劣的土地也不得不使用。于是,投入已开垦的最劣地的劳动成为社会必要劳动,也就是说,这部分劳动应该通过价格得到补偿,因而它所凝结的个别价值(假定它等于个别生产价格)调节市场价值;就投入资本来说,它也要取得平均利润,因而它的产品的个别生产价格调节市场价格。这样,投入优等地的等量资本在等量土地上,因土地较高的生产力,取得较多的产品,这些超额的产品用货币表示便是超额利润。生产力越高,产量越高,超额利润也越多,也就形成了级差超额利润。

假定有四级土地 A、B、C、D,并且**面积相等**,都等于1亩,在各级土地上各投下**等量资本** 50先令各带来平均利润 10先令,因而生产费用 P 等于 $(50+10=)60$ 先令。

又假定 Q_i 为各级土地的亩产量(单位:夸特),Q_A 为 A 的产量(这里假定为1夸特)。A 的个别价值($P_A=60$)调节市场价值。这里暂时撇开绝对地租,因而 $P_A = P$。

土地等级	亩产 Q_i	生产费用 P	个别价值 P/Q_i	市场价值 单价 P_A	市场价值 总价 Q_iP_A	级差生产力 $Q_i - Q_A$	级差超额利润 $(Q_i - Q_A)P_A$
A	1	60	60	60	60	0	0
B	2	60	30	60	120	1	60
C	3	60	20	60	180	2	120
D	4	60	15	60	240	3	180
合计	10	240	24	60	600	6	360

这种超额利润和一般超额利润一样，也是个别价值低于社会价值的结果，表现为个别生产价格低于社会生产价格的结果。而个别价值或个别生产价格之所以较低，也是由于生产者占有较高的生产力，从而生产一定量（或单位）商品所需要的劳动时间比较少一些。区别在于，一种是由于生产者占有较优的土地的自然生产力，另一种则是由于占有较高的社会生产力。区别还在于，土地产品的社会价值（或社会生产价格），是由已经开发的最劣级生产力的土地的产品的个别价值（或个别生产价格）来决定（调节）的。一般产品的社会价值（或社会生产价格），是由不同生产力生产的产品的不同的个别价值（或个别生产价格）的平均数来决定的。这种超额利润和一般超额利润在形成原因上的这些区别，又是由于土地的有限性，因而在优级土地上（也就是在较高生产力的土地上）进行商品经营具有垄断性。

一般超额利润产生的条件的较高生产力，或者是由于投入更多资金以投入更多劳动，并使众多劳动者在一起进行分工和协作，创造一种社会劳动的集体的生产力；或者是由于资金最佳使用，用于更新设备、采用新工艺方法等等，从而使自然力得以充分利用，以提高劳动的技术生产力。不过，这里讲的自然力是已经脱离土地的自然力，例如，利用已经开采出来的煤炭、石油所转化的蒸汽力或电力等等。这样取得的超额利润并不稳固。某一生产者可以最先占有这种较高的生产力，使他的产品的个别价值低于社会价值，从而取得超额利润。但是，他不能垄断这种生产力。别的生产者也会跟着这样提高生产力，经过竞争，使他们之间的生产力差别趋于消失，他这样取得的超额利润也就随之消失。但是，那个占有较高生产力的优级土地的生产者却不是这样。他所用劳动的较高生产力，既不是来自社会劳动的分工协作所创造的集体力，又不是来自资金的最佳使用所创造的技术力，也不是来自脱离土地并入技术设备的自然力的单纯利用。它来自劳动和土地相结合的某种较大的自然生产力。这种生产力和土地的蕴藏的自然力结合在一起，它不像已经脱离土地的自然力（蒸汽的压力、电力等）那样，可以在同一生产部门让一切生产者自由支配。这种自然力是一种可以垄断的自然力。它是土地的一定自然条件所发挥的自然力，是固定在土地中的自然力。由于土地有限，有较大自然力的土地更有限，某个生产者一旦经营较优条件的土地，就能垄断这种自然力。

问题还不仅如此。这里的超额利润首先是来自土地产品真实价值（24）低于最劣地产品个别价值（60），其差额（60－24＝36）就是单位产品价格中的超额利润。其所以如此，只是为了使最劣地使用者也能保本（50）并取得平均利润（10）。如果产品按真实价值24出售，就没有人愿意在 A 地投资。

级差超额利润是虚假的社会价值　　由于土地有限从而对优等土地的经营垄断，土地产品的社会生产价格由最坏土地产品的个别价值来调节，而不是由它的真实价值（社会平均价值）来调节。所以，农产品的市场价值的总和（见上表，它 ＝ 600 先令）总是大于这些产品的实际价值（这里指个别价值的总和，它 ＝ 240 先令），而不像加工工业中这两个总和是相等的。这两个总和的差额（600－240＝360 先令）所形成的超额利润，这个作为级差地租的实体的超额利润，实际上是一个虚假的社会价值(即不是在该土地上投入的劳动所创造的价值),它通过产品出售使社会过多支付而实现。

土地产品带来的超额利润之所以是虚假的社会价值,意味着土地产品的市场价值中包含着一种特殊分配关系。这种分配关系的自然条件是土地资源的有限性,它的社会条件则是商品生产方式。商品是使用价值和价值对立的统一。自然资源(主要是土地)直接影响商品的使用价值,单位使用价值又是商品价值决定的前提。在商品经营中,一切都要通过价值表现出来。那些未经劳动加工的土地资源也会表现为虚假的社会价值。如果否认它就会导致:(1)一方面,由于社会需要和土地有限性,客观上要求一部分人经营劣等土地;另一方面,主观上又使这一部分人投入的劳动或资金得不到补偿。(2)从价格来讲就是,一方面,土地资源的有限性,必然使有限的土地产品的价格成为一种特殊的垄断价格,它合理地调节了社会对自然资源的最优使用;另一方面,主观上否定这种垄断价格,就使宝贵资源恶性浪费。

级差超额利润Ⅰ转化为级差地租Ⅰ　从上面的叙述可以知道,级差超额利润只与商品经济有关,而与土地所有权无关。"即使没有土地所有权……这种超额利润也会存在。所以,土地所有权并不创造那个转化为超额利润的价格部分,而只是使土地所有者……有可能把这个超额利润从工厂主的口袋里拿过来装进自己的口袋。它不是使这个超额利润创造出来的原因,而是使它转化为地租形式的原因。"(第729页)

如果不转化为地租,这个由社会过多支付的价值就会被土地使用者不劳而获。如果转化为地租,土地使用者仍然会得到合理的收入(平均利润)。

如果不转化为地租,也就等于否定了土地所有权(不论是私有权还是公有权)。如果转化为地租,土地所有权才在经济上得到实现。

由于以上所讲的超额利润是不同土地的不同生产力相对于最

劣地 A 的生产力的级差的价值反映,因此,可以把这种级差生产力叫做级差生产力Ⅰ,这种级差超额利润叫做级差超额利润Ⅰ,它转化的级差地租也就叫做级差地租Ⅰ。

如果在同一土地上追加劳动(或追加投资)以致同一块地的生产力发生级差的变化,那将是级差生产力Ⅱ,它的价值表现为级差超额利润Ⅱ。一般说来,超额利润Ⅱ应该大于级差地租Ⅰ,其超过部分应归土地开发者所有,以实现他所取得的土地使用权。待到租约期满,土地重新出租,它便转化为级差地租Ⅱ。

级差地租Ⅱ 级差地租Ⅱ和级差地租Ⅰ虽有相同的实质但有不同的形式。就相同的实质来讲,级差地租总是投在等量土地上的等量资本具有不等的生产力的结果。区别则由于投资的方法从而耕作方法的不同。级差地租Ⅰ是等量资本投在不同土地上进行粗放经营的结果。级差地租Ⅱ是等量资本投在同一土地上进行集约经营的结果。进行集约经营的劳动生产力的特点则在于,它除了自然条件以外还追加了技术条件(农机、化肥、农药、矿山机械等等),即追加了劳动的社会生产力。级差地租Ⅰ主要借助土地的自然丰度,级差地租Ⅱ主要借助土地的经济丰度。

因为级差地租Ⅱ的形成,每亩地租量就增大了,一国的平均地租水平也随之提高,租地的农业资本家就必须掌握更多的资本,进行集约经营,取得更多的超额利润,以支付高额的地租。

无论级差地租Ⅱ怎样不同于级差地租Ⅰ,它仍然要以作为级差地租Ⅰ的基础的最坏土地 A 的产品个别价值 P_A 为基础。因为超额利润只是优等地产品的个别价值和 P_A 相比较而来的。

级差地租Ⅰ还是级差地租Ⅱ的出发点。从历史来看,在生产力低下,未开垦土地又较多时,资本首先进行粗放经营,级差地租主要采取Ⅰ的形式。随着生产力的发展和农业资本的积累,土地又大部分被开发时,资本就主要进行集约经营,级差地租就主要采取Ⅱ的形式。又从每一个时期来看,资本总是从级差地租Ⅰ出发,追加投资取得级差地租Ⅱ的实体(追加的超额利润),土地所有者在订租约时,也是从级差地租Ⅰ出发,逐步追加到级差地租Ⅱ。

级差地租Ⅱ又会反作用于级差地租Ⅰ。如果在最坏土地 A 上追加投资,以至 A 的生产力变化,从而市场价值 P_A 发生变化;或者由于各级土地追加投资,以致土地产品供过于求,使 A 的耕种成为多余,以致市场价值由 B 的产品价值 P_B 来调节;这两种情况都使作为级差地租的实体的计算基础发生变动,因而也使级差地租Ⅰ发生变动。

在级差地租Ⅱ场合值得注意的问题是:原来级差地租Ⅰ是以土地的自然丰度,即以劳动的自然生产力为自然基础,现在级差地租Ⅱ是以土地的经济丰度,即以追加劳动的技术生产力和劳动的自然生产力相结合为自然基础。如果土地的自然力遭到破坏或损耗过多,追加劳动的技术生产力往往仅够补偿甚至补偿不了自然力的损耗。这样,尽管资本有机构成提高了,农业的劳动生产力却未上升,甚至下降;农产品价值也就不会下跌,甚至上涨。当然,如果注意保护土地的自然力、合理使用土地的自然力并提高劳动的技术生产力,农业劳动生产力才会实际提高,农产品的价值从而价格才会下降。

级差地租与垄断地租　　垄断地租在有些场合就是级差地租,确切地说,它在有些场合类似级差地租,即特殊优越的土地带来的地租。具体说来,垄断地租是某块能够生产某种稀有的土地产品,这种产品奇货可居,可按垄断的价格出售,其中超过平均利润的垄断利润因土地所有权转化为垄断地租。

三、绝 对 地 租

绝对地租　　在土地私有权存在下,在任何土地(包括最坏土地 A)进行投资,都必须(绝对地)提供地租,这种地租叫做绝对地租。在土地所有权的垄断下,资本不提供绝对地租便不能投入;倒过来讲就是,资本投入土地而不提供绝对地租,便等于废弃了土地所有权。

由于农业劳动生产力长期落后于其他产业部门劳动生产力,农业资本有机构成长期低于其他产业部门资本有机构成,因而农产品价值大于其他产业部门产品价值(也就是高于社会生产价格),农产品价值中包含的剩余价值大于平均利润。这个超过平均利润的剩余部分,便是作为绝对地租的实体的超额利润,它等于农产品的剩余价值减平均利润。

由于土地所有权的障碍,这个超额利润不能参与利润的平均化,便保留了下来,并转化为绝对地租。

绝对地租与垄断价格　绝对地租的计算,也是以等量土地、等量资本为前提的,如果前提发生量的变动,绝对地租也随之发生变动。

随着农业生产力的发展,从而农业资本有机构成的提高,它会接近以至超过社会资本的平均构成,农产品的价值就不会超过社会生产价格,剩余价值不会大于平均利润,超额利润从而绝对地租具有倾向缩小以至消失的趋势。但是,即使这种超额利润已经消失,土地所有权仍然存在,因而绝对地租仍然会存在。"而这种地租在这种情况下,只能来自市场价格超过价值和生产价格的余额,简单地说,只能来自产品的垄断价格"(第863页)。这是一般含义的垄断价格,它"不过是把其他商品生产者的一部分利润,转移到具有垄断价格的商品上"(第973页)。它是由于土地所有权的障碍而形成的超过平均利润的垄断利润,它转化为绝对地租。

级差地租与绝对地租　在论述级差地租时,曾暂时撇开绝对地租,现在按照由分析到综合的方法,要把两者综合在一起。实际上,土地承租者既要支付级差地租,又要支付绝对地租;并且,级差地租还因绝对地租的存在而增大。

由于每一块地都要支付绝对地租(r),最劣土地也不例外,这样,调节市场价值的最劣地产品的个别价值,就不仅等于费用价格P,而且要加上绝对地租r,即 $=P+r$。那么,"如果最坏土地单位面积产品的价格 $=P+r$,一切级差地租就都会按r的相应倍数增加,因为按照假定,$P+r$成了起调节作用的市场价值"(第860页)。

下面仍然沿用前表中的数字,只是追加了一个绝对地租r,并设$r=20$先令,则各级等量土地产品总和的个别价值等于$P+r$,即 $=60+20=80$先令。由于A地产量正好等于一个计量单位(1夸特),所以$P+r=80$先令,它调节单位产品的市场价值。

从下表末栏可以看出,级差地租是按照绝对地租r的相应倍数:(r、$2r$、$3r$)增加。

土地等级	亩产	生产费用	绝对地租	个别价值		市场价值		级差生产力	级差超额利润(级差地租)
				总和	单价	单价	总和		
	Q_i	P	r	$P+r$	$(P+r)\div Q_i$	$P+r$	$Q_i(P+r)$	Q_i-Q_A	$(Q_i-Q_A)(p+r)$
A	1	60	20	80	80	80	80	0	0
B	2	60	20	80	40	80	160	1	$80=60+r$
C	3	60	20	80	26.67	80	240	2	$160=120+2r$
D	4	60	20	80	20	80	320	3	$240=180+3r$
合计	10	240	80	320	32	80	800	6	$480=360+6r$

由表中数字关系可以推论:

(1) 由于在各级土地等量面积上投下等量资本(50先令),加上等量平均利润(10先令),再加上绝对地租20先令,所以个别价值总和都等于80先令,就A来讲,就是A的产量Q_A乘A的产品的单价P_A。在$P_A=(P+r)/Q_A$中,P_A与Q_A成反比,如果Q_A由1夸特下降到半夸特,单价就由80先令上涨到160先令。当然这还要以供求关系使耕种A地成为必要为条件。

(2) 优等土地各自的实物级差地租为 $Q_i - Q_A$,货币级差地租为 $(Q_i - Q_A)(P+r)/Q_A$。实物地租的总和为 $\sum(Q_i - Q_A)$,货币地租的总和为 $\sum(Q_i - Q_A)(P+r)/Q_A$。从这些函数关系可以看出:(1)只要土地生产率有级差存在,即只要 $Q_i - Q_A \neq 0$,就有级差地租存在;(2)级差越大,级差地租越多;(3)但货币地租还受市场价值 $(P+r)/Q_A$ 的影响,而 $(P+r)/Q_A$ 又与 A 的生产率成反比,即与 Q_A 成反比。

地租率与平均地租　　前面一再指出,无论级差地租或绝对地租,它的实体的超额利润,都是以等量投资、等量土地为前提计算的。在这两个前提下,如果将超额利润除以资本量便得出地租率,如果将超额利润除以土地量便得出平均地租。这可以从下表看出。

土地等级	亩数 (1)	资本量 (2)	绝对地租 (3)	级差地租 (4)	总地租 (5)	地租率(%) (5)÷(2)	平均地租 (5)÷(1)
A	1	50	20	0	20	40	20
B	1	50	20	80	100	200	100
C	1	50	20	160	180	360	180
D	1	50	20	240	260	520	260
合计	4	200	80	480	560	280	140

由此可知,地租率是在等量土地前提下,每单位资本所能提供的超额利润(它转化为地租)。又由于

$$地租率 = 地租量 \div 资本量$$

可知　　$$地租量 = 地租率 \times 资本量$$

又可以知道,平均地租是在等量资本前提下,每单位土地所能取得的地租量。由于

平均地租 = 地租量 ÷ 土地亩数

可知　　　　地租量 = 平均地租 × 土地亩数

地租率和平均地租的核定,对一块土地的地租量的计算具有决定的意义。

四、矿山地租　建筑地段的地租

以上就农业用地叙述了地租的原理,这些一般原理也适用于非农用土地,包括采矿业用地的矿山地租。交通运输业用地,工商业用地,住房用地也要收取地租,这首先表现为建筑地段的地租,即建筑道路、桥梁、车站、码头、机场、工厂、店房、住宅所占地段的地租。一旦基本建设竣工,这些建筑地段的地租便转化为使用建筑物的单位或个人应支付的地租,即转化为工商各业和居民用地所支付的地租。

我们知道,作为级差地租的实体的超额利润由两个原因带来:一是土地的位置,一是土地的丰度。就工商业来说,土地的位置对建筑基地的地租起决定性的影响;就采掘工业来说,土地丰度(矿物蕴藏量)对矿山地租起决定性的影响。

矿山地租　矿山地租和农业地租相似,因为矿产品也是直接来自土地的产品,即所谓原产品。

就绝对地租来讲,采掘工业劳动生产力一般低于加工工业,或者说,它的资本有机构成一般低于加工工业,因而矿产品能够在价值与生产价格之间出售,带来一份超额利润转化为绝对地租。

就级差地租来讲,矿山的丰度不像农业是表现在土地肥力上面,而是表现在矿物蕴藏量上面,相对于已开采的最劣矿山有较高蕴藏量的等面积矿山,等量资本会取得一个超额利润;或者是就位置来讲,距离市场较近的矿山比较远的矿山,因节约运输劳动也可以取得一份超额利润。这些超额利润转化为级差地租。

就垄断地租来讲,某些矿山藏有稀有矿产品(正如某些特殊土地能生产特殊农产品一样),由于产品奇货可居,产生了垄断价格,带来了垄断利润。土地产品的垄断利润因土地所有权转化为垄断地租。

建筑地段的地租

由于生产日益社会化,生产的专业化协作要求许多工业连成一个体系,这些企业之间的距离必须最大限度缩短以节约运输劳动,于是形成一个生产中心,并且结合运输条件产生相应的市场中心。生产中心从而市场中心又把人口密集起来。这样,由对市场中心的距离而规定的建筑基地的地租,在大城市就特别高昂,市中心的繁华地区更是寸土黄金。在市中心,只有取得高额的超额利润的企业(银行与大商业)才能支付这种高额地租。就市中心房屋租金来讲,它不仅包括投到房屋建筑上的资本的折旧费和利息,而且还包括这种高额地租。因此,市中心房屋越来越向空间发展。

这里还要注意,不仅地基而且"空间是一切生产和一切人类活动所需要的要素……土地所有权都要求得到它的贡赋。对建筑地段的需求,会提高土地作为空间和地基的价值"(第872页)。

建筑地段对土地所有者来说,问题在于:一幅土地的升值不仅与承租人的开发有关(这是承租人的利益),更与周边外部环境变迁有关(这与承租人投资无关)。特别是区域经济的发展,交通基础设施的兴建,可以使地价暴升。对此就出租人来说,在经济发展过程中,土地不断增值,再加上级差地租Ⅱ的原理,出让年限不宜过长,既让承租者有利可图,又不让他长期占有因外部环境等条件变化所带来的土地增值。

建筑地段对土地使用者来说,"建筑投机的真正主要对象是地租,而不是房屋"(第872页)。"建筑本身的利润是极小的;建筑业主的主要利润,是通过提高地租,巧妙地选择和利用建筑地点而取得

的。"(第2卷第261页)

三种垄断价格与三种地租的关系

"我们必须加以区别,究竟是因为产品或土地本身有一个与地租无关的垄断价格存在,所以地租才由垄断价格产生,还是因为有地租存在,所以产品才按垄断价格出售。"(第873页)

这里讲的垄断价格共有三种,它们与地租有如下的关系:

(1) 由于在土地上的经营垄断,使产品价格构成中包含级差超额利润,这是与地租无关系的垄断价格,只是因为土地所有权才使已经存在的级差超额利润转化为级差地租。

(2) 由于在独特土地(它能带来稀有珍品或独有好位置)上的经营垄断,使产品中包含垄断利润,这也是与地租无关的垄断(一般含义的垄断价格)。土地所有权将垄断利润转化为垄断地租。

(3) 由于土地所有权的垄断,在土地产品部门资本有机构成低于加工工业部门时,使土地产品中超过加工工业平均利润的剩余利润支付绝对地租。这是为了要支付地租而使价格中包含着剩余利润,是第三种含义的垄断价格。这是因为有地租存在,所以产品才按垄断价格出售。前面说过,如果土地产品部门资本有机构成高于加工工业,这时价格中的剩余利润消失了,代之以垄断利润,这也是由地租引起的垄断价格,但已是一般意义的垄断价格。

五、地租的历史

地租是凭借土地所有权占有剩余劳动的形式,或者说,是对剩余产品的分配关系。

在原始共产主义社会,由于生产力低下,还没有剩余劳动,也就不存在地租。

在奴隶制社会,已经出现剩余劳动与剩余产品,但是土地所有权和使用权还没有分离,奴隶在奴隶主的土地上劳动,剩余劳动或剩余产品直接被奴隶主占有,奴隶没有私有经济,也就没有支付地租问题。地租是从封建社会开始的。

封建地租　　封建社会的特点正在于土地的所有权和使用权分离,并且,地租是剩余劳动或剩余产品的唯一形式。地主将土地租给佃农使用,佃农先是直接以全部剩余劳动形式作为地租(劳役地租),后来以全部剩余产品作为地租(产品地租)。随着商品生产从而货币流通的显著发展,地租又转化为货币地租。货币地租是封建地租的最后形式,也是它的解体形式。货币地租不仅瓦解了自然经济,而且瓦解了封建主义生产方式。货币地租使地主与租佃农民的传统关系转化为单纯的货币关系。这样,直接生产者就在性质上变成了单纯的租地农民,从而出现了资本主义萌芽,某些租地农民自己又雇工剥削,成为佃富农,并进一步发展为农业资本家;另一方面,为货币而被雇用的工资劳动者阶级也随之形成。货币地租的出现,还使城乡的货币所有者去购买土地,出租给农业资本家,把地租当作利息一样来享受。这又促进了资本关系的建立。

资本利润与地租　　资本主义生产方式的特点是它和商品生产结合在一起。土地所有者现在不是和佃农发生直接关系,而是和租地资本家发生直接关系。因此,地租的性质也发生了变化。地租已由剩余劳动或剩余产品的唯一形式,变为剩余价值超过平均利润的余额。现在,剩余劳动的正常形式不是地租,而是利润了,就连地租本身的实体也是一种利润(超额利润)了。现在的阶级关系是:土地所有者、租地资本家和雇佣工人之间的关系,是前两者剥削后者的关系。

资本主义的土地所有制,相对于封建土地所有制,当然有利于生产力的发展。但是它仍然是私有制,它发展到一定阶段,就会阻碍土地的合理使用、维护和改良,土地的公有制必将代替土地的私有制。

土地国有化与地租归属

由于土地具有特殊的使用价值和特殊的价格,这就逻辑地导致土地应该国有化。

既然土地首先是作为国土资源而派生的一束使用价值,对任何一块地,都应该服从国土资源总体规划、进而城乡土地利用规划的宏观调控,配置其特殊的使用价值。土地国有化有利于土地资源最优配置。

再就土地特殊价格(地价)及其实体(超额利润)来讲,前面说过,土地产品的真实价值是社会平均价值,再生产价格中的超额利润 R 却是超过这平均价值的部分,即不是该产品生产者投入劳动创造的价值,它是社会对土地产品过多的支付。同样原因,优级土地自身并不创造价值,级差超额利润,进而级差地租与地价,也不是在该地上投入劳动所创造的价值,而是社会转移的价值。它应归还给社会,而社会是由国家来代表。因此,土地应该国有化。可见,"土地国有化的理论概念是同地租论有密切联系的"。而"土地国有化,无非就是把地租交给国家"[①]。因为土地所有权是由地租来实现的。

国家是有阶级性的。英国是资产阶级国家,土地国有化当然代表这个阶级的利益。英国土地法的核心是"土地归皇室(国家)所有"。但是,英国土地所有者阶级也相当强大,因而私人与法人广泛拥有名为永业权实为所有权的地权,致使国有化徒有其名。英国只好在殖民地施行国有化。其中典型的就是在香港规定港英政府"全权拥有香港每一寸土地",并实行批租制度。

社会主义国家代表全民的利益,土地当然更应该国有化。但是,它虽然消除了土地所有者阶级,却暂时遇到土地占用者的阻碍,使地租未能纳入中央财政收入,这是一个重大待改革的问题。

---

① 《列宁全集》第13卷,第273页。

社会主义的地租　社会主义社会废除了土地私有制,但土地公有制仍然存在。社会主义社会仍然存在着商品经济,因而土地公有制在经济上借以实现的形式仍然是地租。"消灭土地私有制并不要求消灭地租,而是要求把地租——虽然是用改变过的形式——转交给社会。所以,由劳动人民实际占有一切劳动工具,无论如何都不排除承租和出租的保存。"① 马克思和恩格斯早在《共产党宣言》中就曾指出,无产阶级在取得政权以后,第一项措施就是:"剥夺地租,把地租用于国家支出。"②

并且,所谓"剥夺地租,把地租用于国家支出",实际上是指土地国有化。土地由国家所有,生产单位没有土地所有权,只有土地使用权。按照地租原理,土地也不应归集体所有。恩格斯在论述大规模地采用合作生产时,曾特别指出"事情必须这样来处理,使社会(即首先是国家)保持对生产资料的所有权,这样合作社的特殊利益就不可能压过全社会的整个利益。"③

同样,按照上述原理,建筑基地地租也不宜消灭,而要保存下来"用于国家支出"。废弃地租等于放弃"社会的整个利益"。特别对大城市由于地理位置所形成的高额超额利润,如果不作为地租收上来,其结果会导致社会主义国家蒙受损失,又使城市臃肿起来。

总之,社会主义社会仍然存在着土地所有权,仍然存在着商品经济,因而土地仍然存在一个超额利润问题,仍然存在这个超额利润转化为地租问题。虽然这个地租可用"改变过的形式",但地租总是存在的。

---

① 《马克思恩格斯全集》第18卷,第315页。
② 《马克思恩格斯全集》第4卷,第490页。
③ 《马克思恩格斯全集》第36卷,第416页。

六、各经济规律进一步展开

由于使用土地,商品的生产价格转化为垄断价格,各经济规律也就进一步展开为新的形式。

1. 关于生产力规律

由于各生产部门一般都要使用土地,劳动的社会生产力(包括技术生产力)就和以使用土地为条件的劳动的自然生产力结合在一起。因此,社会生产力实际上是综合生产力。就和土地关系来讲,这个综合生产力在不同生产部门有不同的变化特点。在农业,由于农产品可以再生,只要用地时注意养地,生产力可以稳步发展。在采矿业,由于矿产品不能再生,采一些就少一些,生产力就趋于下降。在加工工业主要影响是地理位置,随着城市的兴衰或交通工具的变革所及于运输劳动的变化,也会影响生产力的变化。

2. 关于价值规律

价值规律的基本规定性是:一个商品的价值量由社会平均劳动决定。后来,这个价值又转化为生产价格。现在,土地产品的价值由已开垦的最劣地的个别价值来决定,并且进一步影响加工产品,使商品的生产价格再具体化为垄断价格。垄断价格(生产价格的完成形式)实际上成为市场价格的波动中心。

从前表数字可以知道,A、B、C、D四块土地的总产量为10夸特,它们的个别价值的总和为320先令,每夸特的社会平均价值为32先令(这是真实的价值)。但实际是最劣地的个别价值$P_A=80$先令调节市场价格,因而其中包含虚假的社会价值$=80-32=48$先令。前面说过,这种虚假的社会价值(级差超额利润)不是可有可无的,而是必然存在的分配关系。"这种情况是由市场价值规律造成的。土地产品也受这个规律支配。"(第745页)

这种虚假的社会价值还渗透到加工产品的价格构成中去。这是因为土地产品会作为生产资料进入成本的 c 中,又会作为生活资料进入成本的 v 中,还会直接作为超额利润以便支付厂地地租。

总之,价值规律要通过价格来表现,而表现价值规律的价格并不是生产价格的抽象形态,而是垄断价格和商业价格综合在一起的完成形态,即。

$$产业成本 + 商业成本 + 平均利润 + 超额利润$$

虽然垄断价格超过真实的价值,但它的超出部分会由社会剩余价值来补偿,因而价格总和仍然等于价值总和。

3. 关于平均利润率

由于作为级差地租的实体的超额利润是来自社会对剩余价值的扣除,因此,平均利润的完全形态似应是

$$\frac{社会剩余价值 - 纯粹流通费用 - 级差超额利润}{职能资本的社会总和}$$

第十章 各种收入及其源泉

在商品生产总过程中,各种收入的源泉是劳动创造的新价值。这个新价值之所以采取各种收入的形式(分配形式或分配关系),则是由生产形式(生产关系)所决定的。但生产关系又要由分配关系来实现。否定分配关系等于否定生产关系,这是一个问题的两方面。

一、各种收入及其源泉

各种收入来自 $v+m$　社会每年投入产业部门的活劳动总是分为两大部分,即必要劳动和剩余劳动。在商品生产总过程中,活劳动创造的新价值就相应为补偿可变资本的部分加剩余价值 $v+m$。这个新价值作为收入来讲,就是 v 转化为工资,m 分割为利息、企业利润和地租。工资、利息、企业利润和地租等各种收入的源泉只能是新价值 $v+m$,而价值的唯一源泉又是劳动。总是先有价值的创造,然后才有价值可供分配。

具体说来,剩余价值随着资本形式的展开采取了相应的分配形式。当它表现为职能资本的增量时便转化为利润;表现为社会总职能资本的比例部分的增量时又进一步转化为平均利润;当着资本所有权和使用权分离时,它的平均利润部分相应分割为利息和企业利润。在土地所有权存在下,它的超过平均利润部分还要表现为超额利润和地租。由此可见,利息、企业利润和地租的源泉都是来自劳动者的剩余劳动 a' 所创造的剩余价值。至于劳动者的收入(工资)的源泉,也不是来自资本而是来自劳动者的必要劳动 a 所创造的价值。

值得注意的是,这些分配形式虽是生产要素所有制形式作用的结果,但所有制形式只是分配的根据,只是使分配具有对劳动创造的新价值的索取权,它们并没有创造这个新价值。庸俗经济学却不仅把它们当作分配的源泉,而且把它们物化。它把生产要素的所有权看作就是生产要素本身,把生产关系看作就是承担这种生产关系的物的本身,把各种收入看作就是这些物所带来的,从而使资本关系拜物教化,也就掩盖了劳动创造的价值是各种收入的源泉这一内在联系。由于生产关系的物化,某些经济学家就把资本(所有权)看作就是生产资料,把土地所有权看作就是土地,把雇佣劳动看作就是劳动一般,从而列出一个三位一体公式,认为利润是由资本生出,地租是由土地生出,而工资则是付给的劳动的价值或价格。

第四十八章首先批判三位一体公式,指出各种收入的真正源泉是工人创造的新价值,并在第 934—940 页论述了商品拜物教如何逐步展开为资本拜物教和土地拜物教。又由于三位一体公式的错误理论根源来自斯密教条,第四十九章和第五十章接着批判了这个教条。第五十一章正面指出,分配关系从属于生产关系,并随之一同消逝。

各种收入的界限 既然新价值 $v+m$ 是收入的源泉,它也就成为各种收入的数量界限。在 $v+m$ 中,如果工资发生变动从而 v 发生变动,剩余价值 m 就相应地发生相反方向相同数量的变动,两者的总和仍然不变。

在新价值界限内,(1)工资又有自身的界限,即劳动力再生产的费用;(2)新价值减去工资的余额便成为剩余价值的界限;(3)利润平均化,只是改变了剩余价值的分配,平均利润的界限仍然是剩余价值;(4)平均利润又是利息和企业利润的界限;(5)地租也有界限,那就是剩余价值和平均利润之间的超额利润;(6)垄断利润即超过剩余价值的利润也不是没有界限的,它或者是对工资的侵占,或者是其他生产者利润的扣除。

二、生产关系与分配关系

各种收入的源泉是劳动 $(a + a')$ 创造的新价值 $(v + m)$。总是先有价值的创造,然后才有价值可供分配。这个已经创造出来的新价值之所以采取各种收入的形式(分配形式或分配关系),则是由生产形式(生产关系或支配一切的经济权力)所决定的,即由生产要素的所有权决定的。这种所有权并不创造新价值,只是具有对已经创造的新价值的索取权。失去这个索取权也就等于失去所有权。

生产关系与分配关系 分配关系本质上和生产关系是同一的,它不过表示生产关系的一个方面,是生产关系的反面。产品一方面分为资本,另一方面分为收入。作为收入的剩余价值(分割为利息、企业利润等各种收入形式),它和资本的关系是显然的。另一种收入,工资,也"总是先要以**资本形式**同工人相对立,然后才取得收入的形式,即工人的收入的形式"(第993页)。总之,工资以雇佣劳动为前提,利润以资本为前提,或者抽象地讲,分配形式以生产关系为前提。

另一方面,特别值得注意的是,生产关系要由分配关系来实现。改变了分配关系也就等于改变了生产要素所有权,也就是改变了经济制度。例如,土地所有权是由地租来实现,如果出租土地取不到地租,就"意味着土地所有权的取消,土地所有权的废除……

即使不是法律上的废除,也是事实上的废除"(第846页)。同样,资本的所有权是由利息来实现,如果贷款取不到利息,就意味着否定资本的所有权。

同时值得注意的是,由于资本市场的价格是利息,土地市场的价格是地租,这两个市场就不仅是配置资源的市场,而且是实现产权的市场。因此,经济体制改革的关键在于规范这两个要素市场。

阶级 分配关系从属于生产关系。资本主义的生产关系人格化为资本家和雇佣劳动者的关系,在这基础上又有资本家和土地所有者的关系。这些关系集中起来就是资本主义社会三大基本阶级:无产阶级、资产阶级和土地所有者阶级,以及它们之间的关系。这些阶级,一方面不过是生产要素所有权的人格化,另一方面,它们活动的经济结果不外是雇佣劳动者所创造的价值被瓜分。这样,三卷《资本论》就在最后第五十二章把问题集中到阶级上面。这是从生产力(内容)到生产关系(形式)到上层建筑(形式的形式)的展开。

三、从总过程看资本主义生产的主要经济规律

三卷《资本论》从揭示价值规律开始,并在价值规律的基础上逐步揭示资本的价值增殖规律,即以发展生产力为手段达到剩余价值生产和剩余价值转化为资本的规律。第1卷就直接生产过程叙述了剩余价值生产的规律和资本积累的规律。由于剩余价值生产和积累还要以流通为媒介,第2卷接着就说明了流通和发展生产力的关系从而对价值增殖的关系;生产过程在流通中的延伸部分(保管和运输),这方面费用的降低也会提高总的劳动生产力,这就意味着能够增加相对剩余价值生产和积累;提高劳动生产力又是缩短资本周转时间的最有力手段,而周转速度的加快就意味着年剩余价值的增加;但是,这一切又以社会总资本的再生产和流通

按比例地实现为条件。最后在第3卷所叙述的过程中,在剩余价值变形为平均利润、价值变形为生产价格前提下,价值增殖规律又进一步展开为以发展生产力为手段达到生产利润和积累的目的,并通过平均利润率倾向下降规律的机制揭示了目的和手段的矛盾,即资本主义生产关系和生产力的矛盾,并激化为危机。而生息资本的发展又促进生产进一步社会化,即促进社会生产力进一步发展,随之产生了社会化的资本——股份资本,资本也就由自由竞争阶段过渡到垄断阶段。最后,还补充说明,资本的价值增殖规律会遇到土地所有权的限制,即它的增殖以扣除地租为前提。

在这里,特别要注意到,价值规律、价值增殖规律、国民收入分配规律要通过合乎规律的价格来为自己开辟道路。否则一切都是空谈。

附录 《资本论》脉络与辩证方法

《资本论》的脉络和《资本论》的辩证法是分不开的,"谁能辩证地思维,谁就能理解它"[1]。

辩证法是关于普遍联系和发展的世界观和方法论。辩证法把世界发展看作是本身所固有的各种矛盾发展的结果。辩证法又可分为客观辩证法和主观辩证法。前者指自然界、社会本身所固有的辩证运动,后者指客观的辩证运动在人类思维中的反映。在主观辩证法中,唯物辩证法和反映论(认识论)结合在一起,而人类辩证地思维就形成了辩证逻辑。《资本论》是"把辩证方法应用于政治经济学的第一次尝试"[2]。

在"《资本论》中,逻辑、辩证法和唯物主义的认识论(不必要三个词:它们是同一个东西)都应用于同一门科学"[3]。马克思说,"不论我的著作有什么缺点,它们却有一个长处,即它们是一个艺术的整体;但是要达到这一点,只有用我的方法"[4]。只有采用探讨"普遍联系和发展"的辩证方法,才能使《资本论》形成"一个艺术的整体",因而只有理解这个方法,才能完全理解《资本论》。

---

[1] 《马克思恩格斯全集》第31卷,第308页。
[2] 《马克思恩格斯全集》第31卷,第385页。
[3] 《列宁全集》第38卷,第357页。
[4] 《马克思恩格斯全集》第31卷,第135页。

《资本论》的辩证方法就是唯物辩证法。它首先是唯物主义的研究方法,然后在这个基础上再运用辩证逻辑的叙述方法。《资本论》在定性分析的基础上,还进行了定量分析,因而也包含了数量分析方法。

《资本论》的方法是唯物辩证法

《资本论》的方法是扬弃了的黑格尔方法。黑格尔是德国古典唯心主义哲学的主要代表,他第一个全面地有意识地叙述了辩证法的一般形式,这是他的辩证法的"合理内核"。但是由于把物质和精神的关系颠倒了,"在他那里,辩证法是倒立着的",并由此神秘化了。黑格尔认为世界一切事物由绝对观念(即绝对精神)产生,又都回到绝对观念中去。他把绝对观念看成是先于世界和人类的唯一真实的、最高的存在,"在黑格尔看来,思维过程,即他称为观念而甚至把它变成独立主体的思维过程,是现实事物的创造主,而现实事物只是思维过程的外部表现。"(第1卷第24页)[①]黑格尔曾经企图证明绝对观念应当在普鲁士那种等级制君主政体中实现出来,并把普鲁士王国描绘成社会发展的顶峰。可见,黑格尔的辩证法在应用于社会历史时,只承认过去的发展,却否认现在和将来的发展;这就窒息了辩证法本身。发现黑格尔辩证法神秘外壳("绝对观念")中的合理内核,把他手中倒立着的辩证法再倒过来,使它建立在唯物主义的基础上,便是唯物辩证法。具体说来就是,《资本论》的叙述方法是以它的研究方法为前提的。不过,"这点一旦做到,材料的生命一旦观念地反映出来,呈现在我们面前的就好像是一个先验的结构了"(第1卷第23—24页)。因为叙述方法也是从抽象的范畴出发,如果没有注意它的前提的研究方法,那就好像是一个

[①] 在"《资本论》脉络与辩证方法"部分中,未标明书名,只标卷次的页码,都是指《资本论》第1卷、第2卷、第3卷(《马克思恩格斯全集》第23卷、第24卷、第25卷)的页码。

先验结构了。

研究方法和叙述方法 这两种方法从过程来看,研究方法是从实际出发,从感性认识上升到理性认识;这个思维的行程是从现象到本质、从具体到抽象、从复杂到简单。叙述方法是根据研究的结果,把它所认识的客观事物,从理论上表述出来;因而和上述行程正好相反,它是从本质到现象、从抽象到具体、从简单到复杂。在研究的行程(由表及里)中"完整的表象蒸发为抽象的规定";在叙述的行程(由里及表)中,"抽象的规定在思维的行程中导致具体的再现。"[①] 在内容上,研究方法和叙述方法是辩证唯物主义认识论的不可分割部分,"在形式上,叙述方法必须与研究方法不同,研究必须充分地占有材料,分析它的各种发展形式,探寻这些形式的内在联系。只有这项工作完成以后,现实的运动才能适当地叙述出来"(第1卷第23页)。因此,叙述方法是以研究方法为前提为基础的,它是从客观的完整表象所升华的抽象规定的逻辑展开,而不是从观念出发的先验结构。

《资本论》的叙述方法是扬弃了的黑格尔的逻辑方法。黑格尔的逻辑学中有着合理的叙述方法,但它的出发点却是唯心主义的,它不是从客观的实际出发,而是从主观的"绝对精神"出发,因而成为一个先验的结构。

叙述方法 叙述方法就是从抽象到具体、从本质到现象、从分析到综合的方法。前面说过,这也是从内圈到外圈、从简单到复杂的方法;并且因为抽象的本质具有一般性,具体的现象具有特殊性,所以这个方法也可以说是从一般到特殊的方法。下面我们从不同角度去说明这个方法。

1. 从抽象到具体的方法

抽象指从现实的具体事物中被抽取出来的相对独立的方面的

[①] 《马克思恩格斯全集》第12卷,第751页。

属性、特点、关系等。具体指思维过程的结果所反映的具体事物的整体,是具有多方面属性、特点、关系等的综合。因此,从抽象到具体的方法又是从分析到综合的方法。

黑格尔认为,"逻辑理念的发展是由抽象到具体"①。"它从单纯的规定性开始,而后继的总是愈加丰富和愈加具体。因为结果包含它的开端,而开端的过程以新的规定性丰富了结果。……普遍的东西在它的特殊化中……在以后规定的每一阶段,都提高了它以前的全部内容,它不仅没有因它的辩证的前进而丧失什么,丢下什么,而且还带着一切收获和自己一起,使自身更丰富、更密实。"②。这就是说,科学开篇所叙述的东西,还是未发展的东西,因而它是抽象的、简单的,并具有普遍的性质。普遍的性质是事物的基本规定性;在它发展过程中,不断追加新的规定性,使它丰富起来,转化为特殊的、复杂的、具体的事物,并越来越接近外部现象。因此,由抽象到具体的逻辑过程,同时又是由简单到复杂、由一般(普遍)到特殊、由本质到现象的过程。这种前进还是由分析到综合的过程,因为从分析简单的规定性开始,再分析追加的规定性时,并没有抛弃原有的规定性,而是综合在一起,"使自身更丰富、更密实"。也就是说,在这里,"抽象"是指事物的基本规定性,"具体"是指"不同的规定之统一。"③黑格尔还把"逻辑理念"这样发展比作圆圈。他说,"科学表现为一个自身旋绕的圆圈,中介把末尾绕回到圆圈的开头;这个圆圈以此而是圆圈中的一个圆圈"④。

黑格尔关于逻辑理念由抽象到具体发展的学说既是"天才

---

① 黑格尔:《小逻辑》,第 200 页。
② 黑格尔:《逻辑学》下卷,第 549 页。
③ 黑格尔:《哲学史讲演录》第 1 卷,第 29 页。
④ 黑格尔:《逻辑学》下卷,第 551 页。

的",又是"荒谬的"[①]。它之所以是荒谬的,首先在于黑格尔所讲的"抽象"是"绝对精神"的转化;另一方面,由抽象到具体的方法,本来"只是思维用来掌握具体并把它当作一个精神上的具体再现出来的方式"[②],又被混同于现实事物被创造的过程。马克思指出:"在黑格尔看来,思维过程,即他称为观念而甚至把它变成独立主体的思维过程,是现实事物的创造主,而现实事物只是思维过程的外部表现。我的看法则相反,观念的东西不外是移入人的头脑并在人的头脑中改造的物质的东西而已。"(第1卷第4页)

马克思剥去了黑格尔唯心论所形成的辩证逻辑的神秘外壳,保存了它的合理内核,并把它建立在唯物主义的基础上面。《资本论》就是唯物地运用从抽象到具体的叙述方法,《资本论》的叙述方法是以唯物的研究方法为基础的。在这个基础上,马克思将黑格尔学说"天才的"部分,即他的叙述方法,保存了下来。因此,"不钻研和不理解黑格尔的全部逻辑学,就不能完全理解马克思《资本论》"[③]。

在《资本论》理论的叙述过程中,不仅对范畴、规律的表述不是僵硬的定义,而是在它们的逻辑形成过程中由简单到复杂的展开;并且,资本范畴和剩余价值范畴的由抽象到具体的展开不是孤立地进行的,它们是和劳动、生产劳动、必要劳动、剩余劳动等等范畴各自的由抽象到具体的展开溶成一体;反映它们相互联系的各个规律也是由抽象到具体地展开并成为一个有机体系。在《资本论》中,单个范畴的内容只有放在整个范畴体系的联系中,才能被理解和被规定。只有掌握《资本论》的范畴体系才能既深刻又具体地掌握资本主义的生产方式及其运动规律。

---

① 《列宁全集》第38卷,第103页。
② 《马克思恩格斯全集》第46卷上,第38页。
③ 《列宁全集》第38卷,第191页。

2. 从本质到现象的方法

本质是事物的内部联系,是事物的特殊矛盾所规定的根本性质。现象是本质在各方面的外部表现。本质和现象是统一的,但又不直接相符。假象也是本质的一种表现,不过它是一种歪曲了的表现。"把可以看见的、仅仅是表面的运动归结为内部的现实的运动是一种科学工作。"(第3卷第349—350页)"如果事物的表现形式和事物的本质直接合而为一,一切科学就都成为多余的了。"(第3卷第923页)《资本论》作为科学,它从分析商品开始,自始至终地运用从本质到现象的叙述方法,在揭示事物内在联系的基础上说明它的外在表现。

商品作为使用价值是一种有用的物,作为价值又是人与人的关系。价值是商品的本质,它的现象则是一种物。因此,价值从而商品(包括货币)实质上是被物的外壳掩盖着的人与人之间的关系(第1卷第91页)。资本也是价值(能够占有剩余价值的价值),在资本主义经济中物的关系和人的关系也是纠缠在一起的。《资本论》在展开自己的理论时,总是在阐明劳动价值论和剩余价值论的基础上,说明各种现象形态,并揭穿形形色色的拜物教,同时批判那些只在现象中兜圈子看不见本质或不愿揭露本质的庸俗经济学。

《资本论》第1卷第一章在阐明商品的内部脉络和外部表现以后,接着就指出"商品拜物教性质及其秘密"。并且指出,"货币拜物教的谜就是商品拜物教的谜,只不过变得明显了,耀眼了"(第1卷第111页)。

在进入资本直接的生产过程以后,资本是剩余劳动的吸收者,这一本质关系在绝对剩余价值生产中,还是易于察觉的。在相对剩余价值生产中,由于劳动生产力的客体和主体要素(生产资料和劳动力)被资本所占有,劳动生产力也就表现为资本的生产力,剩余劳动所创造的剩余价值就被表现为作为物的资本所创造的。况且,劳动力的价值和价格在工资形式上表现为劳动的价值和价格,更强化了这个假象。接着在第2卷还可以看到,流通过程插进来以后,"不管资本在直接生产过程中吸取了多少剩余价值并把它体现在商品中,商品中包含的价值和剩余价值都必须在流通过程中才能得到实现。于是,生产上预付的价值的收回,特别是商品中包含的剩余价值,似乎不是单纯在流通中实现,而是从流通中产生出来的"(第3卷第935页)。然后在第3卷看到,由于分配过程的加入,也就是在资本主义的总过程中,由于等量资本要求分配等量剩余价值,剩余价值转化为平均利润,在这个转化的一系列中间环节中,内部联系的线索越来越消失。而且,利润还要再分割为企业利润和利息。企业利润好像不是来自剩余价值而是来自资本家自己的"劳动",利息则不仅好像与雇佣劳动无关,也好像与资本家的"劳动"无关,而是来自货币资本。"创造价值,提供利息,成了货币的属性,就像梨树的属性是结梨一样。"(第3卷第441页)在生息资本的形式上,"资本关系取得了最表面、最富有拜物教性质的形式"(第3卷第440页)。

最后,在地租形式上,它好像与社会关系无关,只是直接与一个自然要素(土地)联系在一起。在土地拜物教形式上,内部联系就最后割断了,剩余价值的源泉完全隐没了。"在这个世界里,资本先生和土地太太,作为社会的人物,同时又直接作为单纯的物,在兴妖作怪。"(第3卷第938页)

《资本论》就这样逻辑地叙述本质到揭露现象,并在第3卷第四十八章加以综合,第五十章加以补充。

叙述方法与分析矛盾的方法

从抽象到具体的叙述方法,又是和分析矛盾的方法结合在一起的。这是因为辩证法的核心是关于对立统一的学说。每一事物既有自身的内部联系即矛盾的对立的统一,又和其他事物相互联系即矛盾与矛盾之间的联系。微观地讲,事物发展的根本原因在于自身内部的矛盾性。宏观地讲,在互相联系的矛盾中,基本矛盾(或主要矛盾)的发展影响其他矛盾的发展。商品是资本主义经济的细胞形式,它是使用价值和价值对立的统一。使用价值是生产力作用的结果,价值则是人与人的生产关系,所以,商品是资本主义社会基本矛盾的胚芽,因而也是资本主义社会一切矛盾的胚芽。《资本论》就从分析商品的矛盾开始;分析这一矛盾如何外化为商品和货币的矛盾;后一矛盾又产生买和卖的矛盾,由此又引出资本总公式的矛盾,引出资本和雇佣劳动的矛盾。于是,商品生产过程的二重性——生产使用价值的劳动过程和生产价值的价值形成过程,便转化为资本主义生产过程的二重性——劳动过程和价值增殖过程。劳动过程实际是生产力发挥作用的过程,价值增殖过程实际是资本主义生产关系发挥作用的过程,所以,生产过程二重性实际是资本主义社会基本矛盾作用的过程。在资本主义社会,这个基本矛盾表现为劳动过程中劳动的日益社会化(即协作范围的不断扩大),从而生产日益社会化,和价值增殖过程中资本占有制的矛盾。这个基本矛盾还表现为以在劳动过程无限发展生产力为手段,只是为了价值增殖这一有限的目的。基本矛盾通过资本积累而继续发展,最后,"生产资料的集中和劳动的社会化,达到了同它们的资本主义外壳不能相容的地步。这个外壳就要炸毁了。资本主义私有制的丧钟就要响了。剥夺者就被剥夺了"(第1卷第831—832页)。《资本论》就这样阐明了资本的产生、发展和灭亡的自始至终的矛盾运动。

叙述方法与历史的关系　前面说过,在抽象到具体的叙述方法中,"具体之所以具体,因为它是许多规定的综合,因而是多样性的统一"①。也就是说,逻辑方法中所讲的"抽象"只是"表象中的具体"的抽象,而不是先于"表象中的具体"

---

① 《马克思恩格斯全集》第46卷上,第38页。

的历史的另一具体事物;逻辑方法中所讲的"具体"只是包括抽象的规定在内的"许多规定的综合","只是思维用来掌握具体并把它当作一个精神上的具体再现出来的方式"①,而不是后于"抽象"的具体历史。可见,理论的逻辑和历史的逻辑并非一回事情。例如,3卷本《资本论》的理论是从第1卷的资本的直接生产过程开始,展开为第2卷的流通过程,最后在第3卷综合为资本主义生产的总过程,这里的逻辑顺序与历史的进程毫无关系。又如,形成资本的前史是资本主义土地所有制的建立,是封建地租向资本主义地租的转化。但是,《资本论》并没有按历史的顺序,将资本的原始积累(它的基础就是农民土地的被剥夺)和地租放在前面,反而把资本的原始积累安排在第1卷最后两章,把地租放在第3卷平均利润及其分割之后(因为它是作为超过平均利润的利润的转化形式)。马克思指出,"不懂资本便不能懂地租,不懂地租却完全可以懂资本。资本是资产阶级社会的支配一切的经济权力。它必须成为起点又成为终点,必须放在土地所有制之前来说明"。"因此,把经济范畴按它们在历史上起决定作用的先后次序来排列是不行的,错误的。"②

但是,历史和逻辑的方法并不是绝无关系。首先,作为逻辑方法的基础的研究方法,它要求从历史上已经发展的具体入手,才易于进行抽象。"为什么会这样呢?因为已经发育的身体比身体的细胞容易研究些"(第1卷第8页)。"最一般的抽象总只是产生在最丰富的具体的发展的地方,在那里,一种东西为许多东西所共有,为一切所共有。这样一来,它就不再只是在特殊形式上才能加以思考了","哪怕是最抽象的范畴,虽然正是由于它们的抽象而适用于一切时代,但是就这个抽象的规定性本身来说,同样是历史关系

---

① 《马克思恩格斯全集》第46卷上,第38页。
② 《马克思恩格斯全集》第46卷上,第45页。

的产物,而且只有对于这些关系并在这些关系之内才具有充分的意义"①。

其次,作为逻辑方法本身的叙述方法,它的出发点抽象的、"简单的范畴在比较具体的范畴以前是否也有一种独立的历史存在或自然存在呢?要看情况而定"②。由于历史的发展也是从简单的关系进到复杂的关系,并从上述研究方法和历史发展关系来看,可以知道,在有些情况下,即在范畴自身的发展情况下,比较简单的范畴在历史上可以在比较具体的范畴之前存在。不过,即使在这种情况下,逻辑的顺序和历史的顺序只是在方向上一致,而不是在内容上同一。如果用几何图形来比喻,它们是两根平行线,而不是同一根线的两种表述。《资本论》第1卷从简单商品出发,商品转化为货币,货币转化为资本;资本由占有绝对剩余价值到占有相对剩余价值;剩余价值由主要用于消费到主要用于积累等等,这里逻辑的顺序和历史的顺序基本上是一致的。不过,作为逻辑起点的简单商品并不是资本主义社会前史的简单商品,而是从资本主义生产方式占统治地位的社会财富的元素形式的抽象,是资本主义商品经过抽去资本性质以后的简单商品。这里讲的货币,也不是前资本主义的货币,而是商品这一范畴逻辑展开的结果——商品内在矛盾转化为外在的简单的价值形式,以及价值形式由简单的到扩大的、到一般的,最后到达完成的形式即货币形式。第二篇讲的货币转化为资本则指的是货币在产业资本运动 $G-W<_A^{Pm}\cdots P\cdots W'-G'$ 中转化的条件,因此,"为了认识货币是资本的最初表现形式,不必回顾资本产生的历史"③。剩余价值的生产是先分析绝对的(第三篇),再分析相对的(第四篇),然后综合在一起加以补充说明(第五篇);这是

---

① 《马克思恩格斯全集》第46卷上,第42—43页。
② 《马克思恩格斯全集》第46卷上,第39页。
③ 《马克思恩格斯全集》第23卷,第167页。

由分析到综合的方法的运用,也不是历史的叙述。最后,剩余价值用于消费到用于积累,则是分析资本主义再生产由简单到复杂的展开;当然也限于理论逻辑的展开。虽然如此,第1卷的逻辑展开毕竟和历史的顺序相一致,因而也展示了资本主义生产方式产生、壮大和灭亡的矛盾运动,揭示了资本主义经济的主要规律。但是,第2卷和第3卷的情况就不是这样。这两卷由抽象到具体的逻辑展开都和历史的顺序无关。从总体来讲,这两卷仅仅是第1卷资本的生产过程的展开为流通过程和分配过程;从单卷来讲,第2卷是由单个资本的再生产和流通(循环和周转)综合为社会总资本的再生产和流通;第3卷是由产业资本分化出商业资本和生息资本以及土地所有权,从而剩余价值被瓜分为企业利润、利息和地租。所有这些,"它们的顺序倒是由它们在现代资产阶级社会中的相互关系决定的,这种关系同看来是它们的合乎自然的次序或者同符合历史发展次序的东西恰好相反"[①]。例如,商业资本、生息资本和土地所有权在前资本主义社会就早已产生了,《资本论》却把它们放在阐述了资本社会内部结构之后来说明它们。

马克思在运用逻辑方法之后,也对现实的历史的发展作出补充。第1卷第一章前两节从理论上分析了抽象的商品,在第Ⅲ节又从抽象到具体分析了价值的完成形式——货币。然后在第二章补充说明劳动产品转化为商品和商品转化为货币的历史过程(见第一卷第106页)。在整个第1卷结束时,又从产生资本的"前史"(资本的原始积累)一直谈到"资本主义积累的历史趋势"。第3卷也是这样。在叙述了商业资本之后,补充了"关于商人资本的历史考察";在叙述了生息资本之后,补充了"资本主义以前的状态";在叙述了超额利润转化为地租之后,补充了"资本主义地租的产生。"

《资本论》就这样既有区别又有联系地将历史与逻辑的方法密

[①] 《马克思恩格斯全集》第46卷上,第45页。

切结合在一起,成为一部完整的艺术作品:

数量分析方法 任何事物不仅有质的规定,而且有量的规定。马克思认为,一种科学只有在成功地运用数学时,才算达到了真正完善的地步①。三卷《资本论》卷卷都包含着数学的方法。马克思的经济学说批判地继承了英国古典政治经济学。英国古典政治经济学的创始人配第早就把数学用于分析经济现象,他的代表著作取名为《政治算术》。他说,他的方法"不是传统的",不是把一连串比较级和最高级词汇同空论拼凑在一起,而是立志要用数字、重量和尺度来说话。但由于不能对事物的质作出科学的规定,例如,不能区分劳动的二重性,不能区分劳动与劳动力,不能区分生产价格与价值等等,古典政治经济学的数量分析也就限于现象上面。与此相反,《资本论》则是在质的科学规定的基础上进行量的分析,并且在定性分析中包含着定量分析。

《资本论》逻辑的起点是商品;商品的特点在于具有价值;价值不是由个别劳动时间决定,而是由社会平均劳动决定。于是,从商品和商品生产价值规律出发的理论展开,处处渗透着平均数的数学方法。"在这种生产方式下,规则只能作为没有规则性的盲目起作用的平均数规律为自己开辟道路。"(第1卷第120页)

《资本论》处处运用数学方法具体分析经济运动的内在联系。例如在第1卷,首先分析单位商品价值量与劳动生产力成反比的关系;接着从标志生产力结果的剩余价值率,引申出绝对剩余价值和相对剩余价值的生产;然后又从标志生产力水平的技术构成从而资本有机构成阐述资本积累的一般规律。又如,在第2卷中,它被用于分析单个资本再生产和流通的速度(在生产规模不变下)和预付资本量的反比例关系;也被用于分析社会总资本的再生产和流通的平衡的公式。再如在第3卷中,通过分析利润率公式进而分

---

① 《回忆马克思恩格斯》,第73页。

析平均利润率规律,由此阐述资本主义基本矛盾的激化。接着又分析利息率的规律以及虚拟资本和利息率的关系。然后又用大量统计数例阐述土地产品(进而加工产品)价格中所包含的超额利润,并因土地所有权转化为地租。最后还把它们综合在一起,阐述商品价值 $c+v+m$ 如何转化为市场基础价格(成本 + 平均利润 + 超额利润)。

思 考 题

《资本论》第 1 卷思考题

1. 《资本论》研究的对象和目的。
2. 《资本论》的方法和体系。
3. 《资本论》第 1 卷的体系。
4. 生产力的源泉、本身要素及其作用结果之间的相互关系。
5. 环境经济规律。
6. 人口发展规律。
7. 科学技术与生产力。
8. 社会生产力发展规律。
9. 价值规律与劳动生产力规律的关系。
10. 价值规律在直接生产过程中的基本规定性,以及它在交换过程、流通过程的展开。
11. 货币流通规律(包括纸币流通规律)与价值规律的关系。
12. 劳动过程的要素和生产力的要素是什么关系? 这些要素采取怎样的资本形式? 并用图表指出它们和 c/v 以及 m/v 的内在联系。
13. a 与 a' 各自的含义;a' 的存在与增大从而 a'/a 的提高与生产力发展的关系。
14. 相对剩余价值生产与劳动生产率的关系。
15. 生产劳动的含义由简单到复杂的展开(555—556)。
16. 必要劳动到工资形式的展开。工资变化的规律。
17. 资本价值增殖规律。

《资本论》第 2 卷思考题

18. 《资本论》第 2 卷的体系。
19. 资本"是一种运动,是一个经过各个不同阶段的循环过程,这个过程又包含循环过程的三种形式"(122)。

20. 交通业对生产力,对生产商品的劳动耗用量、占用量,对价值决定的作用。

21. 资本循环经历了哪些时间?消耗了哪些费用?缩短循环时间和节约循环费用是提高经济效率的根本途径。

22. 在生产规模不变条件下,预付资本量与周转速度成反比的规律。

23. 固定资本周转与扩大再生产的关系。

24. 商品生产和流通所经历的各种时间对流动资本的预付量的影响。

25. 资本周转与资本价值增殖的关系。

26. 具体说明生产资本具有一种不以它的一定量为转移的扩张能力(生产的潜力)。

27. 扩大再生产的平衡条件。

《资本论》第 3 卷思考题

28. 《资本论》第 3 卷的体系。

29. 商品价值转化为生产价格的必然性;并用图表示商品价值转化为生产价格的过程。

30. 劳动生产力的发展,从而资本效率的提高,通过 P' 综合地表现出来。

31. 节约生产资料与环境保护。

32. 从劳动的节约看科学技术的发展规律。

33. 按比例规律的基本规定和它在生产总过程的展开。

34. 竞争,同供求关系的变动相适应的市场价格的波动,对新的市场价值的形成的影响。

35. 竞争,同供求关系的变动相适应的市场价格的波动总是力图把耗费在每一种商品上的劳动总量同这种商品的社会需要量相适应,即同有支付能力的社会需要的量相适应(215)。

36. 两种含义的社会必要劳动时间各自对价值决定和价格决定的作用。

37. 在积累过程中,生产力发展和资本增殖的矛盾表现为人口过剩、资本过剩和商品生产过剩。这种过剩达到一定界限便爆发为危机。

38. 商业资本的周转对平均利润、商业利润和商业价格的影响。

39. 平均利润分割实现资本的两权。

40. 从影响利息率的各种因素分析利息率的变化。

41. 产业资本周转,商业资本周转,生息资本周转各自对资本增殖的作用,以及它们的联系和区别。

42. 股票与生产资料所有制的关系。

43. 股票积累、国债券积累和现实积累的关系,商业票据积累和现实积累的关系。

44. 借贷货币资本积累和现实积累的关系。

45. 借贷货币资本积累量和现实货币量的关系。

46. 信用在资本主义生产中的作用。

47. 一个统治阶级越能把被统治阶级中的最杰出人物吸收进来,它的统治就越巩固。

48. 超过劳动者个人需要的农业劳动生产率,是一切社会的基础。

49. 农业生产力的特点。

50. 级差超额利润是虚假的社会价值。即使没有土地所有权它也会存在。土地应该国有化。

51. 级差地租Ⅰ与Ⅱ′的联系和区别。

52. 地租、租金和地价的关系。房租与地租的关系。

53. 生产价格展开为商业价格,进而展开为垄断价格(生产价格的完成形式)。价值规律的展开。

54. 按照从本质到现象的叙述方法,说明处在资本主义生产总过程中各种资本形式的基本规定性,以及它们之间的内在联系。

55. 一般剩余劳动必须始终存在。

56. 对应于资本形式的展开,叙述剩余劳动的形式的展开。

57. 批判"工资、利润和地租……是一切交换价值的三个原始的源泉"。阐述生产关系和分配关系的关系。

58. 生产、流通和分配的内在规律集中表现为价格运动。价格又反作用于分配、流通和生产。

59. 生产关系要由分配关系来实现。

60.《资本论》理论与社会主义市场经济实践。

图书在版编目(CIP)数据

《资本论》脉络/张薰华.—2版.—上海:复旦大学出版社,1999.8(2019.4重印)
ISBN 978-7-309-02341-1

Ⅰ.资… Ⅱ.张… Ⅲ.①资本论-马恩著作研究②马克思-剩余价值理论-研究
Ⅳ.A811.23

中国版本图书馆 CIP 数据核字(1999)第 32131 号

《资本论》脉络(第二版)
张薰华
责任编辑/徐惠平

复旦大学出版社有限公司出版发行
上海市国权路 579 号　邮编:200433
网址:fupnet@fudanpress.com　http://www.fudanpress.com
门市零售:86-21-65642857　团体订购:86-21-65118853
外埠邮购:86-21-65109143　出版部电话:86-21-65642845
浙江省临安市曙光印务有限公司

开本 850×1168　1/32　印张 7.75　字数 200 千
2019 年 4 月第 2 版第 9 次印刷
印数 19 951—22 050

ISBN 978-7-309-02341-1/F·541
定价:25.00 元

如有印装质量问题,请向复旦大学出版社有限公司出版部调换。
版权所有　　侵权必究